下剋上

黒田基樹

講談社現代新書

2624

はじめに　下剋上の特質は何か

新たな身分秩序の形成

日本において下剋上といえば、多くの人は戦国時代を思うことであろう。そこでイメージされる内容は、家臣が主君を排除し、それに取って代わる行為、というものであろう。

もっとも下剋上という言葉は、古代中国から使用された言葉で、簡単にいえば「下位の者が、上位の者の地位や権力をおかすこと」（『広辞苑第七版』）といった意味であり、その含む範囲は広い。

日本でも中世（平安時代末から戦国時代）から当時の史料や軍記物語で使用されているが、意外にも実際の使用例は少ない。中世では、主に公家の日記や寺社の文書にわずかにみえるにすぎず、そこでは百姓が領主の支配内容に異論を示したり、身分の下位の者が上位の者を紛争の際に殺害した行為などについて、表現している。

よく知られているのは、南北朝時代の『二条河原落書』や『太平記』での使用例であろう。そこでは、身分が下位であったにもかかわらず、実力によって身分上昇を果たす、「成り出者」について表現されている。すなわち「**身上がり**」（身分上昇）についての批判的な表現になる。前近代社会は身分制社会であったが、時代時代で身分秩序は再編された。

　南北朝時代は、内乱を通じて鎌倉時代の身分秩序が改編された時期にあたり、その結果が、室町時代の新たな身分秩序の形成となる。その過程で生じた「身上がり」状況が、「下剋上」と表現された。それは既存の政治秩序を尊重する立場からの表現であった。

　したがって下剋上は、家臣が主君を排除する行為だけでなく、百姓が領主支配に抵抗したり、下位の者が上位の者を殺害したり、あるいは分家が本家に取って代わったり、身分の下位の者が上位者を追い越して出世していくことなど、意味する対象は広い。もちろん現在でも、政界や役所、会社などを舞台に使用されているところであろう。

　そこに共通しているのは、**下位の者が、主体性をもって、実力を発揮して、上位の者の権力を制限したり、それを排除したりすること**といえよう。身分上昇や出世について、上位の者の主体性によれば、それは「引き立て」「取り立て」になるが、同じ結果であっても、それを下位の者が上位の者の意向に反して実現することが、下剋上と認識されたのであり、それゆえに既存の社会秩序の観点から、批判的に表現されるのであった。そのためそれは、時代を問わず普遍的に生じる現象であった。

中世に頻繁だった

しかしそうしたなかでも、中世はそれが頻繁にみられた時代であった。

平安時代末から鎌倉時代初めにおける武士の台頭、南北朝時代における下級公家や武士の台頭、そして戦国時代における一族・家臣による主君への叛逆・殺害・追放、下級武士や土豪（地侍）の台頭、その上級武士・大名化、などの現象が広範にみられた。それは中世が、自力救済を基調にした社会であることをもとに、様々なレベルでの戦争が絶えず、そのために社会秩序の流動性が高かったからと考えられる。

中世後期から近世（豊臣時代から江戸時代）は、身分制社会であると同時に主従制を基本にした社会であったが、身分秩序を激しく揺るがしたのが、ほかならぬ戦国時代の、とりわけ武家社会においてであった。そのなかでも、下剋上の典型的な在り方として認識されているのが、家臣が主君を排除し、それに取って代わる行為であろう。一般的な認識でも、下剋上といえば戦国時代、となっているのは、そのためであろう。

実際にそうした行為は、戦国時代の武家社会において頻繁にみられた。ただしそれらについて、当時の史料でそのように表現されている事例は、私のみる限り存在していない。それが下剋上と表現されるのは、江戸時代以降のことになる。

そうではあっても、下剋上の語意に照らしても、それらを下剋上ととらえることは妥当であり、それこそが戦国時代の下剋上の特徴と認識される。

守護・「大名《たいめい》」から戦国大名へ

戦国時代において、地域支配を担ったのは戦国大名である。戦国大名をどう定義するかにもよるが、陸奥《むつ》の伊達《だて》・南部、出羽の最上《もがみ》（山形）、関東の北条・佐竹・里見、東海の今川・徳川・北畠、中部の武田・織田・斎藤（一色）、北陸の上杉（長尾）・朝倉、畿内近国の三好《みよし》・六角《ろっかく》・浅井、中国の大内・尼子・毛利、四国の長宗我部《ちょうそかべ》、九州の大友・島津・龍造寺、といったところが代表的であろう。

本拠を中心に、一定領域を排他的・一円的に統治する領国を形成し、全くの実力によって存立する地域国家である。ただしその領国には、軍事的に従属しながらも、独自に領国を形成し統治する国衆を多く抱えていた。

戦国大名・国衆という領域権力の展開が、戦国社会の特徴である。それら戦国大名・国衆は、東国の享徳《きょうとく》の乱（一四五五～八三）、畿内・西国の応仁・文明の乱（一四六七～七七）を契機にした戦乱の恒常化のなかで誕生した。

それ以前は、室町幕府を中核にした政治秩序のもと、地方の軍事・行政統治は、守護もしくは守護格の「大名」身分の武家によって担われた。それは国・郡という行政単位をもとに、幕府の政治秩序を担うにすぎず、管轄範囲を全く独自の裁量によって統治したのではなかった。守護と戦国大名とでは、表面的には地方統治の担い手として同レベルにみえかねないが、統治の質は全く異なっている。

とはいえ戦国大名も、室町幕府を中核にした政治秩序のなかで成立、展開したことから、政治的にはそれと無関係ではありえなかった。実力によって戦国大名化を遂げた後に、それを既存の政治秩序に位置付ける行為として、守護職に補任されたり、守護家相当の栄典を与えられて守護格の家格を獲得することがみられた。そしてそれは基本的には、室町幕府が滅亡するまでみられた。

そうはいっても守護と戦国大名とではその顔ぶれは大きく変化している。室町時代の守護・「大名」で、戦国大名とはならず、実質的に国衆としてその後も存続した事例は少なくないが、戦国大名として、戦国時代のある程度の時期まで存続したのは、分家による本家乗っ取りを含めても、伊達・最上・佐竹・武田・今川・北畠・六角・大内・大友・島津くらいにすぎない。その他は家臣や国衆からの成り上がりであったが、そのうち上杉（長尾）・朝倉・織田・斎藤（一色）・三好・浅井・尼子の事例は、明確に家臣の立場からの下剋上によるものであった。

こうしてみると、戦国大名のうちで、家臣が主君を排除する下剋上によったものは、事例としては多くないようにも思える。その一方で、そうした事例がそれだけあるとみることもできる。

室町時代以来の守護・「大名」家、さらにその下位の国人家では、戦国時代に入る頃から、**一族・家臣による主君のすげ替え**、**主家の主導権をめぐる一族・家臣相互の内乱・内紛**、**主家への叛乱や主家そのものの傀儡《かいらい》化**といった事象が、頻繁にみられた。

戦国時代にはさらに、一族・家臣・国衆の戦国大名家からの自立、国衆の戦国大名領国の経略による自らの大名化といった事象も頻繁にみられた。言ってみればそれらすべてが下剋上行為に違いない。しかしながらそれらの事例すべてを検出することは、現在の研究段階ではいまだ難しく、またそれらは極端にいえば、どこの武家権力でもみられた。

本書で取り上げる事例

こうしたことからすると、戦国時代の下剋上の何よりの特徴であり、かつ最も先鋭的な事象と認識されるのは、やはり家臣が主家に取って代わる行為であり、それによる戦国大名化、にあると考えられる。

そのため本書では、それに該当する事例を中心に取り上げる。とはいっても紙幅の都合から、すべてを取り上げることはできない。そのため戦国時代の下剋上の代表として知られているもの、下剋上の特徴をよく示しているものを選択しようと思う。

そしてそれぞれの事例について、その経緯や背景をたどるとともに、そこにみられた特徴に注目し、戦国時代における下剋上の実像を示していくことにしたい。

主君に取って代わるという事態の前提に、あるいはその過程でみられたことに、主君殺害という主殺し、主君のすげ替え、主君の傀儡化、主君の追放などがあった。

それらのなかでも、当時の世間で最も非難の対象になったのは、主殺しであった。にもかかわらず主殺しを意図し、戦国時代初期に大規模な叛乱を引き起こしたのが、**長尾景春**という人物である。しかし景春の主殺しと叛乱は失敗に終わる。これは下剋上の失敗事例になるが、その行為は戦国時代の始まりを示す象徴的な事例である。そのためこれを第一章で取り上げる。

第二章では、下位の身分から戦国大名化を遂げた最初の事例で、そのため下剋上の典型として知られている、**伊勢宗瑞**《そうずい》（いわゆる「**北条早雲**」）を取り上げる。宗瑞は伊豆国主の堀越公方足利家を滅亡させて、自ら伊豆国主となる。ただしそれは主君に取って代わるものではなく、隣国の政治勢力からの侵略によるものであった。

またそれは戦国大名の成立過程を示すものであった。しかし戦国時代初期において、それは決して容易なことではなかった。宗瑞はどのような条件・背景のもとでそれを遂げたのかをみていく。

第三章では、戦国時代初期に、守護家の重臣から、主家の政治的影響力を排除して、戦国大名化を遂げたものとして、越前**朝倉孝景**《たかかげ》と出雲**尼子経久**《つねひさ》を取り上げる。これも戦国大名の成立過程を示すものになるが、主家の枠組みのなかから出発した場合、どのような困難がともない、どのような経緯で達成することができたのかをみていく。

第四章以下は、すでに主家が戦国大名として展開していたなかで、主家に取って代わった事例になる。まず第四章では、越後上杉家に下剋上した**長尾為景**《ためかげ》**・景虎**《かげとら》（**上杉謙信**）を取り上げる。為景には、主殺し、主君のすげ替え、主君の傀儡化の要素があったが、国内勢力の反発により、事実上挫折する。それを克服したのが景虎であったが、そこにはいくつもの幸運が重なっていた。下剋上がそう容易ではなかったことがそこに認識できる。

続く第五章では、やはり下剋上の典型とみられている美濃**斎藤利政**（**道三**）を取り上げる。戦国大名家の陪臣の一族の立場から出発した利政が、どのような経緯で下剋上を達成することができたのかをみていく。その過程では、暗殺も多用されていたらしく、下剋上の凄まじさが認識される。

第六章では、やはり下剋上の典型例として知られている周防《すおう》**陶晴賢**《すえはるたか》を取り上げる。そこにも主殺し、主君のすげ替えがみられたが、晴賢自身には主家に取って代わる意識は全くなかった。主家を支え主家思いの実力者が、何ゆえ下剋上を起こさなければならなかったのか。そこに戦国大名家の社会的機能をうかがうことができる。

そして第七章・第八章では、室町幕府足利将軍家への下剋上として、**三好長慶**と**織田信長**を取り上げる。室町時代の政治秩序の中核に位置した足利将軍家に対しての下剋上が、どのような背景からみられるようになったのか、そしてそこにどのような困難がみられていたのか。初めて将軍を追放し、幕府を消滅させ、「天下」統治をおこなったのは三好長慶であったが、最終的にそれは挫折した。

それを前例に、幕府を滅亡させて、足利将軍家に代わる「天下人」となったのが織田信長であった。それらの過程を追っていくとともに、信長ののちに「天下人」となった羽柴（豊臣）秀吉と徳川家康の事例についても簡単に触れるものとしたい。

そして「おわりに」において、それらの事例から導き出される、戦国時代における下剋上の特徴についてあらためて把握する。さらにそれを沈静化させていった社会的仕組みの構造とその内容について、提示する。

下剋上はどうして起こされたのか、またそれを可能にした条件は何であったのか。それを認識することができれば、現代もまた社会秩序の流動化がすすんでいることから、変わりゆく現代社会に対しても、確かな視座を獲得できるであろう。

目次

第一章　長尾景春の叛乱と挫折

——下剋上の走りは、太田道灌の活躍で鎮められた

家宰という役職

長尾景春の名を知る人は、あまりいないかもしれない。しかしこの景春とその行動こそ、戦国時代における下剋上の走りともいうべきものになる。

景春は、山内上杉家の家宰《かさい》であった長尾景信の嫡男《ちゃくなん》である。景春の家系は、山内上杉家の有力宿老家である長尾氏一族の庶流で、代々仮名（元服後に名乗る通称）は孫四郎を称したため、孫四郎家と呼んでいる。

景春は父景信の死後、家宰職を継承できなかったことが要因で、文明九年（一四七七）正月（旧暦、以下同じ）に、主君の山内上杉顕定《あきさだ》に対して叛乱を展開した。これを「長尾景春の乱」という。叛乱は当時の上杉方勢力を二分するほどの大規模なものであったが、反撃を受け成功せず、同十二年に武蔵から没落した。その後は上野で抵抗を続けるものの、独自の政治勢力としては存在しなくなっている。

景春が執着した家宰という役職は、「執権」「執事」「家務職」などとも称され、およそ室町時代後半の武家において、家臣の筆頭に位置して、主家の家政や分国・所領支配を統括する役割を担った存在である。当主と一心同体的な関係にあった。いわば当主の家政・分国支配を代行するとともに、同時に、主家の家臣たち、すなわち傍輩（同僚）の代表者という側面を併せもった存在である。

主家である山内上杉家は、室町時代に関東を統治する政権の鎌倉府において、首領の鎌倉公方足利家の補佐役である関東管領の役職に、歴代にわたって就任した家柄である。また上野国・伊豆国守護職を家職とし、関東管領職にあった時にはその兼職である武蔵国守護職をも務めた。

しかも室町時代後半からは、同家のみが関東管領職に就任するようになっており、同職は山内上杉家の家督と同一化するようになっていた。関東において、最高位にあった鎌倉公方足利家に次ぐ政治的地位にあった。

室町時代後半の永享《えいきょう》九年（一四三七）から、鎌倉公方足利家と関東管領山内上杉家は政治対立を繰り返し、山内上杉家は室町幕府の支援を得たことで、それは室町幕府と鎌倉公方足利家の対立として展開した。

そこで生じた戦乱が、永享の乱（一四三八～三九）、結城合戦（一四四〇～四一）、江ノ島合戦（一四五〇）であり、それは康正元年（一四五五）から展開された享徳の乱（一四五五～八三）によって決定的となり、その戦乱自体が、鎌倉府という政権を解体させることになる。

転換をもたらした享徳の乱

享徳の乱では、鎌倉公方足利成氏《しげうじ》が下総古河城《こが》（茨城県古河市）を本拠にして古河公方と称されるようになり、対する山内上杉家を総帥とする上杉方は、武蔵五十子陣《いかっこ》（埼玉県本庄市）を本陣として対峙した。そしてこの戦乱によって関東では、幕府・鎌倉府を頂点にした政治秩序が解体し、代わって戦国大名・国衆という領域国家の展開がみられていき、戦国時代へと展開していくのであった。

すなわち享徳の乱は、関東を中心とした東国世界において、室町時代から戦国時代への転換をもたらす戦乱であった。京都を中心とした西国世界において、その役割を果たした応仁・文明の乱（一四六七～七七）よりも十年以上早く展開されたのであり、関東はいちはやく戦国時代へと突入していった。

山内上杉家における家宰職は、室町時代半ばに成立し、山内上杉家で最有力の宿老家であった長尾氏一族が歴任した。しかし父子継承の事例はなく、嫡流家（但馬守家という）もしくは一族のなかでの最有力者が就任するかたちになっていた。

ところが享徳の乱の勃発に際し、乱の契機となった山内上杉家当主の憲忠と家宰の長尾実景《さねかげ》（但馬守家）が鎌倉公方足利成氏に誅殺《ちゅうさつ》されており、そのため当主不在のなか、前任で長尾氏庶流の長尾景仲（当時は法名昌賢、孫四郎家）が家宰職に返り咲いた。景春の祖父であ

図1-1 長尾景春関係系図

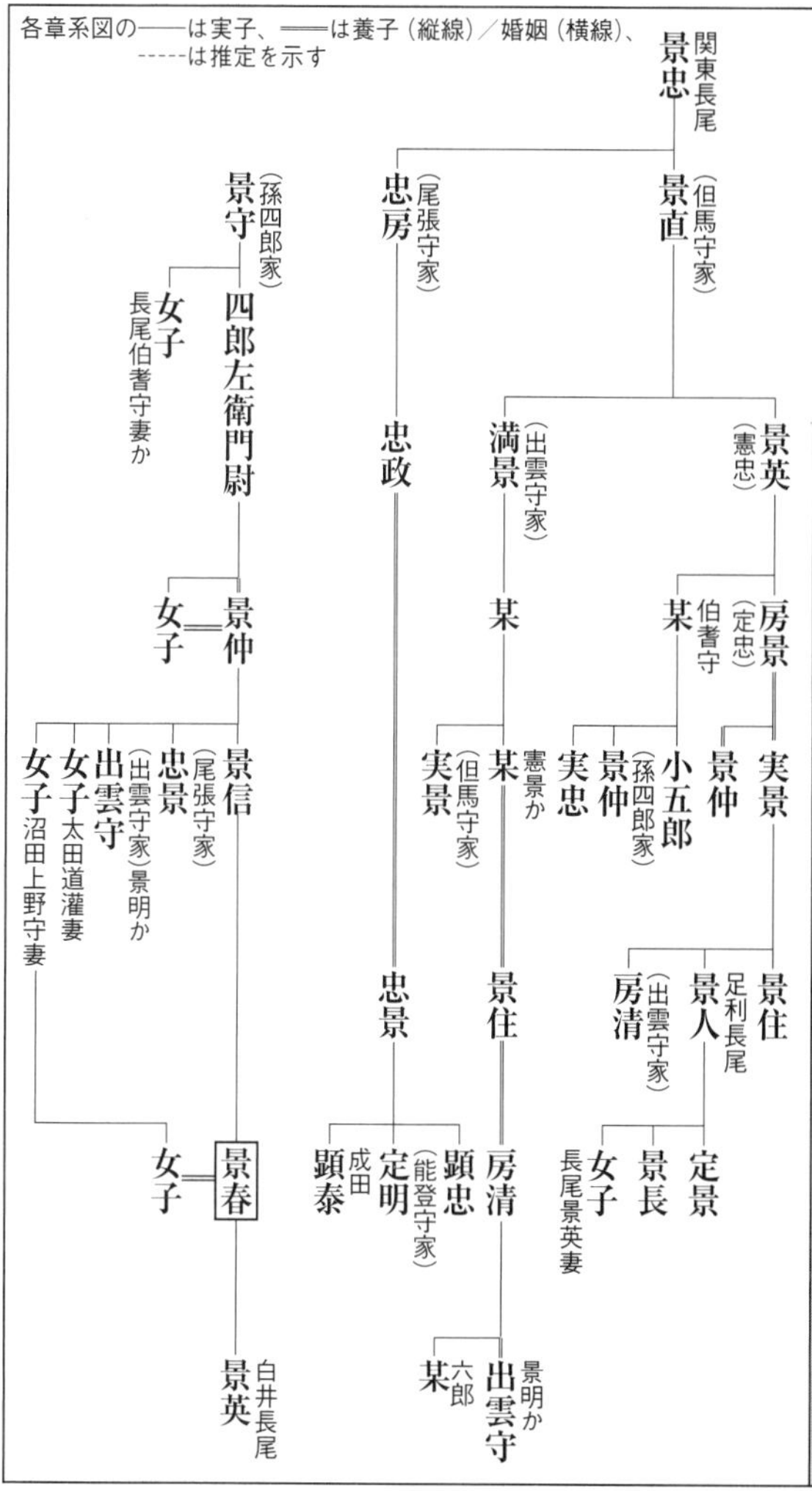

る。

その後、景仲は嫡男の景信に同職を継承させ、およそ二十年以上にわたって、父子で家宰職を相承した。これにより家宰職は、景仲・景信の孫四郎家に受け継がれるものという観念が生まれたとみなされる。

景春は、その孫四郎家の後継者の地位にあった。生年は明確になっておらず、江戸時代の所伝では嘉吉三年（一四四三）生まれとされているが、景春の動向に照らし合わせてみると、実際には宝徳三年（一四五一）頃の生まれと推定される。仮名は孫四郎家歴代の孫四郎を称し、父景信が家宰職に就任すると、やはり歴代の官途名（京官にちなむ通称）の四郎右衛門尉を称した。景春は十七歳（数え年、以下同じ）頃の応仁元年（一四六七）から活動が確認され、景信の嫡男としての地歩を固めていっていた。

「遷代の論理」と「相伝の論理」の衝突

ところが文明五年（一四七三）六月二十三日に、父の長尾景信が死去した。この時点で、景春はまだ二十三歳くらいであったと推定される。

景信の死去により、その家督は景春が継承し、それにともなって景春は、官途名を右衛門尉に改称している。同時に山内上杉家では、後任の家宰職の選定が行われた。当時の山内上杉家当主は顕定で、この時わずか二十歳であった。顕定は、山内上杉家の一族にあたる越後国守護上杉家の出身で、景信が当主に迎えていた存在になる。

しかし顕定は、後任の家宰職には、家老の寺尾礼春（実名は憲明）と側近家臣の海野佐渡守の意見をうけて、景信の実弟にあたり長尾尾張守家の当主であった忠景を指名した。

忠景は、武蔵国守護代職にあり、山内上杉家の家臣では、家宰の景信に次ぐ地位にあった。年齢的にも長尾氏一族のなかで最年長であり、いわば長尾氏一族の最有力者の立場にあった。これまで山内上杉家の家宰職は、嫡流家か一族の最有力者によって務められていた。すなわち「遷代の論理」である。ここで忠景が指名されたのは、その慣習に照らせば、至極妥当な選択になる。

これに反発したのが、景春であった。いやむしろ、景春の家臣や景春に繫がる傍輩たちであった。彼らからすれば、享徳の乱の勃発以来、二十年以上にわたって家宰職は、景仲・景信と孫四郎家によって務められていたから、家宰には孫四郎家の当主である景春がなるのが適切、という考えにあったのだろう。ここに「相伝の論理」が生じるようになっていたとみてよい。

そうして景信後任の家宰については、伝統的な「遷代の論理」と、直近の時期に形成された「相伝の論理」の衝突が生じたのであった。

権益の維持のため

顕定の決定に対し、景春とその支持勢力は激しく反発した。何しろ家宰は、主家の家政を取り仕切っていた。その内容には、家臣等への所領や権益の保障や付与が含まれていた。

例えば山内上杉家が直接に支配する所領（直轄領）には、支配を代行する代官が任じられ、代官は年貢の一割や様々な公事（年貢以外の雑税）を徴収する権利が認められていたし、主家が家臣に所領を与える場合に、それに尽力した家宰にはその所領の一部が得分として設定される、などのことがみられた。家宰はそうして獲得した権益を、自らの家臣や同僚に分配していた。

孫四郎家はすでに二十年以上にわたって家宰の地位にあったから、山内上杉家のなかに、そうした権益の付与などを通じて、孫四郎家に連なる勢力が形成されるようになっていたとみなされる。しかし家宰の交替は、それらの権益が白紙に戻され、新たに忠景の裁量により、忠景に親しい勢力に分配し直されることを意味した。

孫四郎家に連なる勢力にとって、それは自らの権益を放棄させられることになる。長い期間にわたって確保していた権益を、簡単に手放せるものではないであろう。

図1-2 山内・越後上杉氏略系図

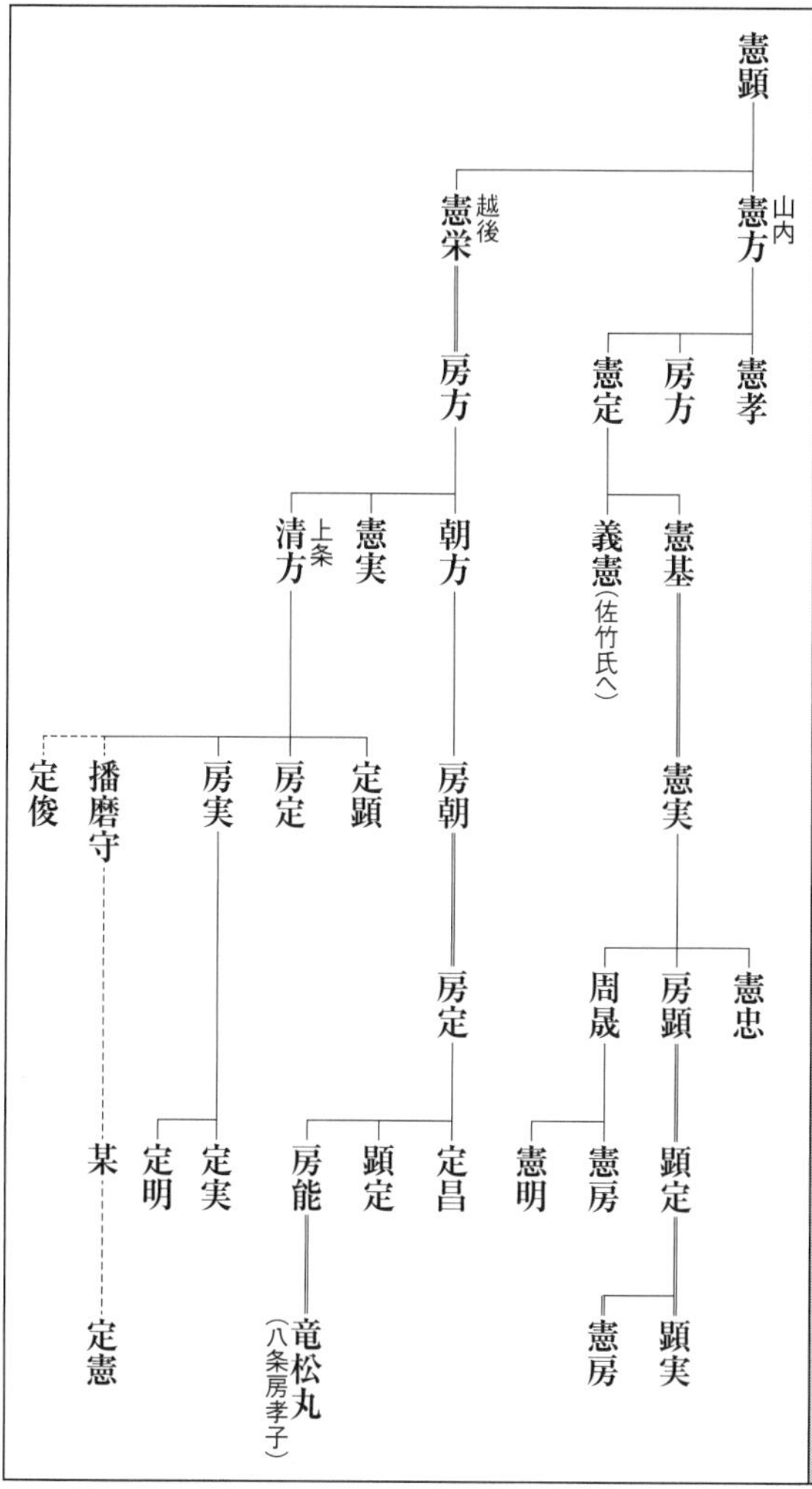

彼らはそれらの権益を維持するため、実力行使に出るのであった。その勢力は景春の同僚・家臣、二、三千人にのぼった。そして享徳の乱において上杉方の本陣となっていた武蔵五十子陣に繋がる通路を封鎖し、陣への物資の流入を妨害した。そのため通路の確保をめぐって、顕定・忠景方との間で紛争が生じることとなった。

さらには権益を生み出す場所である所領の領有をめぐっても、顕定・忠景方との間で紛争が生じた。とくに景春方による通路封鎖により、五十子陣では兵糧の確保が難しい状態に陥るのであった。

太田道灌の仲裁と失敗

この顕定・忠景方と景春方の紛争は、山内上杉家内部の紛争ではあったが、山内上杉家が上杉方の総帥であったから、それは上杉方勢力全体に影響を与え、その崩壊をもたらしかねない。

そこで上杉方勢力の維持のために、紛争の仲介に乗り出したのが、扇谷《おうぎがやつ》上杉家の家宰の太田道灌《どうかん》であった。扇谷上杉家は当時、関東上杉氏のなかでは宗家となる山内上杉家に次ぐ勢力を持った、上杉方での有力勢力であった。

そして家宰の太田道灌は、妻が長尾景仲の娘であったから、長尾孫四郎家とは姻戚関係にあった。道灌にとって景春は、妻方の甥にあたるものとなる。この時代、紛争については親戚関係にあるものが仲介に乗り出すことはよくあった。

道灌は、山内上杉家の新家宰に、忠景が就任することについては同意していた。それはあくまでも山内上杉家内部の問題であり、他家に属する道灌が口出しすることではなかったからであろう。

道灌が尽力しようとしたのは、山内上杉家における景春の地位であった。具体的には、家宰に次ぐ地位の武蔵国守護代職を、忠景から景春に引き継がせることであった。道灌はそのことを、山内・扇谷両家と並ぶ有力な上杉氏一族で、顕定の実兄にあたる越後上杉定昌に働きかけて、その周旋を依頼するとともに、忠景にも打診して、忠景からは同意を取り付けていた。あとは定昌から顕定に働きかけるだけになっていた。また景春方の行動は目に余るものがあるとして、景春を五十子陣から退去させることも進言した。

しかしこの仲介はすすまず、顕定は景春を武蔵国守護代に据えることを承知しなかったと思われる。景春の退去も実行されなかった。そのため道灌は、文明七年（一四七五）に、直接顕定に仲介を申し出るため、居城の武蔵江戸城（東京都千代田区）から五十子陣に参陣する。景春はその当時、同陣近くの飯塚（埼玉県深谷市）に在陣していたが、道灌の参陣をきくと、事前に道灌を訪問し、顕定・定昌の殺害を計画していることを打ち明けるとともにに、道灌にそれに協力するよう要請した。

景春はこの時点ですでに、顕定を殺害することを計画していたのだ。それを道灌に打ち明け、協力を要請したのは、道灌が叔母婿という親類関係にあったとともに、扇谷上杉家の家宰として、上杉方の中心人物の一人であったからであろう。おそらくその後の叛乱に与同してくる山内上杉家の有力家臣たちにも、すでにその計画を打ち明けていたと思われる。

しかし道灌からは拒否され、叛乱計画についても顕定に報告された。が、顕定・忠景は取り合わなかった。それをうけて道灌は、あらためて和睦の仲介を申し出て、顕定からは景春との親戚付き合いを停止することを条件に認められている。

そのうえで道灌は、和睦がすすまなかった場合には、景春を討伐することを進言したが、顕定らはこれにも取り合わなかった。顕定・忠景は、折あるごとに説得すれば何とかなると考えていたらしい。

文明八年三月になって、道灌は、駿河今川家の内乱への対応のため、駿河に出陣することになった。これにより道灌の仲介は頓挫した。和睦の仲介者が不在になったことで、景春は六月に、自ら五十子陣から退去し、鉢形城（埼玉県寄居町）を構築した。顕定らから政治的に距離をとるとともに、臨戦態勢を構築しようとしたためと考えられる。

しかしこの行為を、顕定・忠景は、逆に景春の失脚と認識し、景春方が依然として維持していた家宰職に由来する諸権益について、実力行使によって確保をすすめるようになった。それにより景春方は、それら諸権益を喪失することになった。

景春方はその奪回のためには、実力行使するしか手立てはなくなり、ついに文明九年正月、景春は五十子陣を襲撃し、叛乱を展開するのであった。

典型的な下剋上行為

景春は五十子陣を襲撃し、同陣を崩壊させるが、主君・上杉顕定らの殺害には失敗した。同陣に在陣していた上杉方の首脳、顕定とその家宰長尾忠景、扇谷上杉定正とその前家宰太田道真（道灌の父）、越後上杉定昌らは東上野に退去した。そのうえで景春は、江戸城に在城していた太田道灌に使者を送り、あらためて味方になることを要請したが、道灌からは拒否された。そのため景春方は、各地で蜂起するものとなった。

景春に味方して蜂起した勢力は、上杉方を二分するほどのものであった。長尾氏には有力三家があったが、景春の孫四郎家と忠景の尾張守家以外の、残る足利長尾家は味方しなかった。長尾氏に次ぐ有力宿老家の大石氏にも有力三家があったが、葛西大石家と二宮大石家が味方した。

図1-3 長尾景春の乱関係図

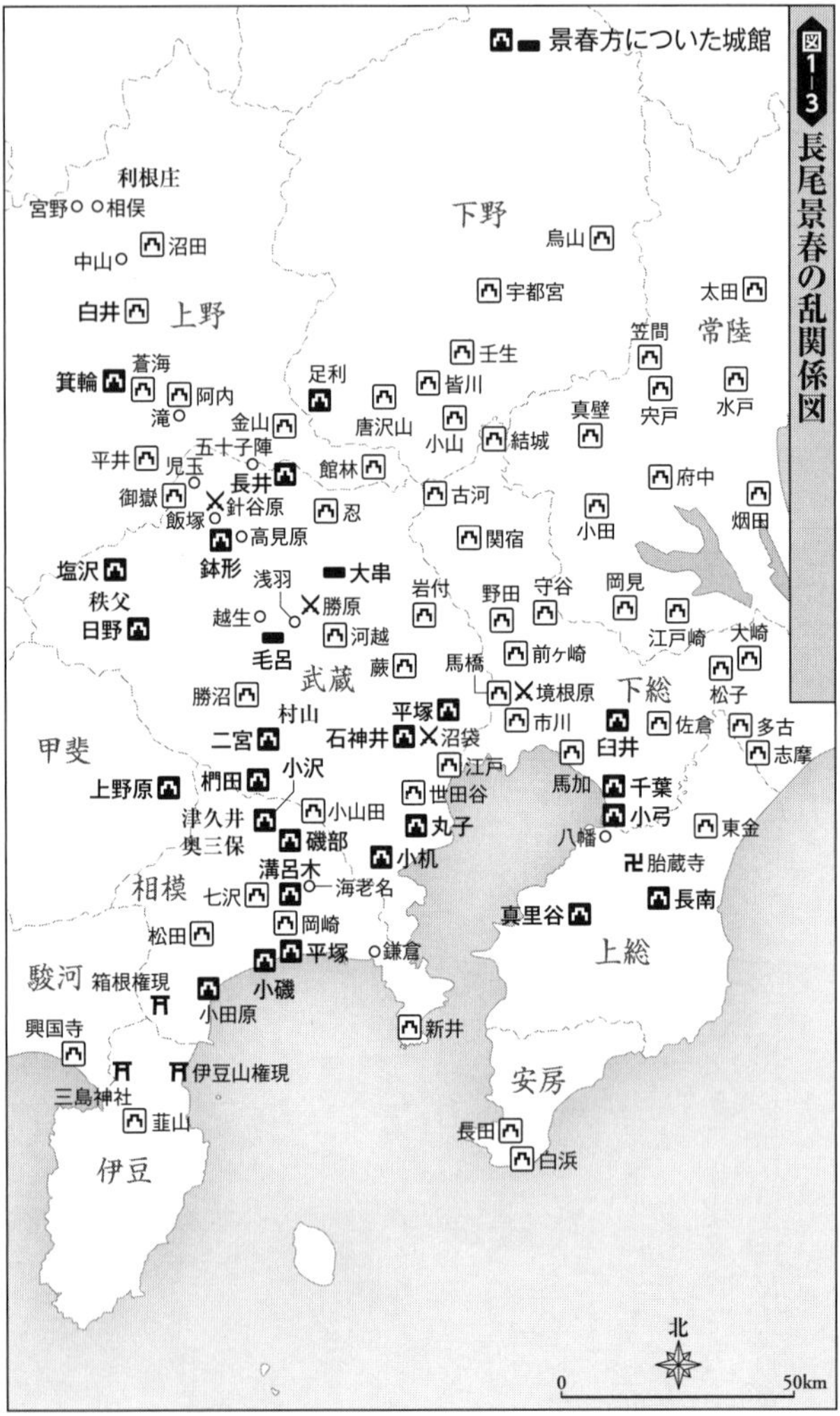

さらに上野では上野一揆大将の長野氏、武蔵では豊島氏・毛呂氏・横山長井氏、相模では金子氏や景春家臣の溝呂木氏・越後氏、甲斐では郡内加藤氏などがあった。景春に与同した勢力は、上野・武蔵・相模・甲斐の実に広範囲にわたっていた。

景春の叛乱の目的は、あくまでも顕定を殺害することであったろう。しかしその成功後にどのような政治構想を抱いていたのかは明らかではない。叛乱の時点で、顕定に代わる山内上杉家当主を擁立した形跡はみられていない。顕定を殺害したのちは、それに取って代わって自らを首領とする政治勢力を構築しようとしたのか、顕定・忠景を屈服させて、山内上杉家における主導権を確保しようとしていたのか、明確ではない。

しかしこの段階で、顕定に代わる当主を用意していないことからすれば、自らそれに取って代わる政治勢力を形成しようとしていたように思われる。これは主君に取って代わるという、下剋上を企図したといえるであろう。

これこそが戦国時代に入って最初の、典型的な下剋上行為とみなされる。

一旦は鎮圧された

しかし、そこに立ちはだかったのが太田道灌であった。上杉方の有力武将のなかで、唯一、五十子陣に在陣していなかったのがこの道灌であった。道灌は扇谷上杉家の勢力圏である相模・武蔵東部の確保のため、扇谷上杉勢力だけでなく、上杉方の味方勢力をも総動員して、叛乱鎮圧をすすめていった。景春にとって誤算であったのは、この道灌が味方してくれなかったことであろう。

道灌によって、相模・武蔵東部の景春方は次々に制圧されていき、文明九年五月には、北武蔵に進軍してきたため、景春はそれと対峙した。しかし五月八日の針谷原《はりがやはら》合戦（深谷市）で敗戦し、五十子南方の富田（本庄市）に陣を取った。景春は上杉方の反撃に対抗しきれないと判断し、そのため上杉方と敵対関係にあった古河公方足利成氏に支援を要請した。

足利成氏に支援を頼んだことで、景春の行動は独自のものではなくなり、成氏の指揮下に属すものとなった。それによりその行動は、足利成氏と上杉方との抗争である享徳の乱の一環に組み込まれるものとなった。

そうして成氏は、上杉方との対戦のため、九月頃には東上野に進軍してくる。景春はその傘下に入った。両軍は十二月二十七日に決戦をこころみたが、大雪のため中止になり、それを契機に文明十年正月二日、成氏と上杉方で和睦が成立した。上杉方が、成氏と室町幕府との和睦（「都鄙《とひ》和睦」）の成立に尽力することを条件とするものであった。

顕定は、和睦には消極的であったらしい。景春の討伐を行えなくなると考えたからのようだ。それについて太田道真は、景春については成氏との関係とは切り離し、上杉方の勢力圏で討伐すればよい、と説得している。

それにより顕定は和睦を承認し、成氏もそれをうけて武蔵成田（埼玉県行田市）まで陣を退いた。しかし景春は、上杉方への抵抗を継続し、再び武蔵・相模で味方勢力を蜂起させた。これには成氏も支援しており、成氏としては上杉方が都鄙和睦に尽力するまで、敵対姿勢を解除するつもりはなかったとみなされる。

だが武蔵南部・相模・甲斐における景春方は、再び太田道灌によって鎮圧され、そのうえで道灌は七月十七日、顕定を武蔵に迎えるためとして、景春の拠点の鉢形城と成氏が在陣する成田陣の間まで進軍してきた。

これをうけて足利成氏は、景春を見捨てることにし、正月の和睦を尊重する態度をとって、道灌に景春追討を命じた。景春は成田陣近くに在陣していたとみなされるが、十八日に道灌から攻撃をうけ、景春は敗退し、おそらく秩父郡に退いた。同時に乱当初からの拠点であった鉢形城も没落した。

こうして景春の勢力は、一旦は鎮圧されたかたちになった。それをうけて上杉顕定は上野から武蔵に帰還し、五十子陣に代わる本陣として、景春が構築した鉢形城を選んだ。上野・武蔵両国を統治するうえで要所である、という理由からであった。

主家の当主を擁立していなかった

景春はこのように一旦は没落するかたちになった。しかし景春という人物は、なかなかにしぶとい人物といえ、決して諦めることはなかった。

その後は、成氏と上杉方が協調するかたちで、都鄙和睦に反対していた下総千葉家の討伐がすすめられたが、それが終了した直後となる文明十一年（一四七九）閏九月、景春は秩父郡日野城（埼玉県秩父市）を拠点にして、再び北武蔵で蜂起した。景春方は児玉郡御嶽《みたけ》城（埼玉県神川町）を拠点に抵抗を続けたが、翌同十二年五月までに攻略されたらしく、その後は秩父郡に後退している。

その五月十三日から、上杉方の進軍をうけた。それに対しては、上杉方が都鄙和睦を一向にすすめないことに痺れを切らした足利成氏が、景春支援のために東上野に軍勢を派遣してきた。しかし六月十三日に太田道灌が秩父郡に参陣してきて、それを中心にして二十四日、景春が在城していた日野城は攻略された。

景春はそこからも逃れて、東上野に退いたようである。しかしこの日野城落城により、景春は武蔵における勢力を完全に失うことになった。武蔵での蜂起から始まった景春の叛乱は、この武蔵からの没落により一応の終結を迎えたとみなすことができる。

山内上杉家の有力家臣や多くの勢力を味方につけ、上杉方を二分するほどの勢力を形成し、上杉方の政治勢力を揺るがすほどの大規模な叛乱であった「長尾景春の乱」は、事実上、景春の敗北によって幕を閉じた。景春の下剋上は、ここに潰えるものとなった。

叛乱当初、あれだけの勢力を誇っていた景春であったが、なぜ下剋上は成功しなかったのであろうか。結果からみれば、それは太田道灌の活躍によるものであったと言わざるを得ない。その点からすれば、道灌を味方にできなかったことに最大の敗因があったといえるであろう。

とはいえ合戦には時の運がつきものである。文明九年五月八日の針谷原合戦、同十年七月十八日の成田陣合戦での敗北がなければ、情勢はどう転んでいたかはわからない。さらに古河公方足利成氏に支援を求めて以降においても、文明九年十二月二十七日に成氏と上杉方の決戦が大雪で中止になるのではなく、そのまま行われていたら、その後の情勢はどうなったかはわからないといえよう。

景春に味方した勢力の大きさを考えると、叛乱の成功は決して不可能ではなかったように思われる。そしてこの叛乱で注目されるのは、何よりも**新たな主家の当主を擁立していなかった**、ということである。

それにはやむを得ない事情もあった。当時、山内上杉家の一族には、当主顕定以外、成人した存在はいなかったからである。そのため擁立したくても、擁立できる人物がいなかったのである。しかしそのことが結果として、主家に取って代わるという典型的な下剋上行為として表現されることになった。

主君としての器量を問題に

そしてこの行動は、先にも触れたように、戦国時代においてみられた、最初の下剋上行為とみなすことができる。結果は失敗に終わったが、戦国時代に入ってからごく初期に、このような行為がとられたことの意味は大きい。

景春の叛乱は、主君の上杉顕定が、自身とその与同勢力の進退を十分に保障していないことから生じたものといえ、いわば**主君としての器量を問題にした**ものであった。そしてそれが満たされない状況に対して、叛乱という実力行使によって状況の改善を図ったものであった。景春は自らの存立を賭けて、そのような行動をとったとみなされる。

このことは、その後の戦国時代の展開において、大きな影響をもたらした。家臣の進退を保障できない主君に対しては、実力によってそれを打倒あるいは屈服させることを当然とするような論理がみられていくことになる。

享徳の乱の戦乱のなかで、すでにそうした動向はみられ始めていた。景春の乱より以前、康正元年（一四五五）に下総千葉家では、上杉方についた当主胤直《たねなお》一族に対し、古河方を選択した有力庶家の康胤と有力家臣の原胤房が叛乱し、胤直一族を滅亡させて康胤を新たな当主につけている。寛正三年（一四六二）に下総結城家では、宿老の多賀谷祥英が当主成朝を殺害し、その従兄弟の子基景を新たな当主につけ、それにともなって上杉方から古河方に転じている。

ただしそれらは、享徳の乱という戦乱のなかでの立ち位置をめぐる政治対立に根ざしたものであり、結果として新たな当主を立てている点において、完全な下剋上とは言いがたい。けれども実力によって当主をすげ替えるという行為が、戦乱の恒常化にともなって広くみられるようになったことが認識される。

そうしてやがて主君を完全に傀儡化するという下剋上もみられるようになる。関東においてその最初の事例とみなされるのが、明応四年（一四九五）における、上野新田領での家宰横瀬家による主君岩松家に対する下剋上である。これは大名ではなく、国衆の事例にはなるが、岩松家は以後は名目的な主君として存続はするものの、領国支配の実権は横瀬家（のち由良家）が掌握するものとなる。その状況は国衆としての横瀬・由良家が滅亡する、関東の戦国時代の終結となる天正十八年（一五九〇）の小田原合戦まで続いていっている。

景春の執念

本章の最後に、その後の景春の動向について紹介しておくことにしたい。

文明十二年（一四八〇）に武蔵から没落した景春は、その後は、足利長尾家の支援を得て、同家とともに東上野で顕定への反抗を続けたとみなされる。注目されるのは、翌同十三年四月には、山内上杉家の一族で、元服したばかりの憲房《のりふさ》（顕定の前代房顕の甥）を、山内上杉家当主に擁立していることである。

それまで景春の顕定への反抗は、それに取って代わろうとしたものであったが、ここにきて方針を大転換して、新たな当主擁立という方法に切り替えている。顕定に対抗するには、山内上杉家のなかでの権力交替という方法をとらざるを得ないと判断したのであろう。

その二年後の同十五年には、足利成氏と室町幕府との和睦が成立し、享徳の乱は終結する。景春は、山内上杉家で確保していた所領などはすべて失っていたため、成氏の直臣の立場となって、成氏から所領などを与えられて、存続することになった。それを機に出家したらしく、以後は其有斎伊玄を称し、官途名も父祖歴代の左衛門尉に改称した。

三年後の同十八年から、また顕定への反抗をみせるようになったらしく、翌長享元年（一四八七）からは顕定との抗争を行うようになっている。そしてちょうどその時期から、享徳の乱において上杉方の中心勢力であった山内上杉家と扇谷上杉家の抗争である長享の乱（一四八七〜一五〇五）が開始された。この戦乱に、古河公方足利家は扇谷上杉家に味方し、景春は古河方から扇谷方への援軍として派遣され、扇谷軍の先陣を務めるようになっている。明応三年（一四九四）に古河公方足利家は、山内上杉家に味方するようになり、それにともなって景春は、同家から離れて扇谷上杉家への味方を続けた。おそらく同家から所領などを与えられてのこととみなされる。景春は、あくまでも顕定への対抗を貫いたのであった。

その際に、景春を支援していた足利長尾家と景春の嫡男景英は、山内上杉家に帰参した。そのため親子で敵対関係になり、景春は扇谷軍の先陣を、景英は山内軍の先陣を務め、両者は直接に戦闘する事態にまでなっている。

長享の乱は、永正二年（一五〇五）三月に、扇谷上杉家が山内上杉家に敗北して終結した。それにともない景春は、およそ三十年ぶりに山内上杉家に帰参し、再び顕定を主君として仰ぐのであった。

しかしその状態は長く続くことなく、同七年六月七日、当時、顕定から越後への侵攻をうけていた越後上杉家の家宰・長尾為景の誘いに応じ、同様に為景の誘いをうけてすでに両上杉家への叛乱を展開していた伊豆の伊勢宗瑞《そうずい》と協調して、再び顕定への叛乱を展開した。景春は北上野に転進し、越後上杉家から援軍を得ながら、顕定戦死により越後から帰国してきた山内上杉軍と対戦するのであった。

この上野での抗争には敗北してしまい、伊勢宗瑞とそれと連携する駿河今川氏親の支援を得てであろう、同八年には甲斐郡内にあり、そこから武蔵に進軍している。しかしこれも失敗したらしく、同九年正月には、今川家の庇護をうけてであろう、その本拠・駿府（静岡県静岡市）にあった。

そしてこれが景春の動向として確認できる最後になり、二年後の同十一年八月二十四日、六十四歳前後でその生涯を閉じた。景春は最後まで、山内上杉家への対抗を続けたのであった。所領を失い、家族とも別れ、それでもなお山内上杉家への対抗を続けるという、景春の執念にはすさまじさが感じられる。

第二章　伊勢宗瑞の伊豆乱入

――「下剋上の典型」とは言いがたい名誉回復行為だった

伊勢宗瑞（北条早雲）

書き換えられた「北条早雲」像

伊勢宗瑞の生涯は、現在にいたるまで「下剋上の典型」といわれることが多い。それは江戸時代に成立した軍記物語における所伝に基づいたものになる。しかし宗瑞についての研究は、この二、三十年の間に長足の進歩をみせており、次々に宗瑞の実像を明らかにしてきている。

かつてにおいては、宗瑞は出自も不明の伊勢出身の牢人とされ、生年も永享四年（一四三二）とされ、六十歳近くになっての延徳三年（一四九一）に伊豆を経略し、伊豆国主の堀越公方足利茶々丸を滅ぼして戦国大名になった、とされてきた。

しかし現在では、宗瑞は室町幕府政所頭人（長官）の伊勢伊勢守家の一族である備中伊勢氏の庶子で、伊勢守家の娘婿であった伊勢盛定の嫡男で、生年は康正二年（一四五六）であり、伊豆乱入は三十歳後半における明応二年（一四九三）のことで、伊豆攻略も五年後の同七年であったことが判明している。

なぜこんなにも所伝と実際が異なっているのか。そもそも江戸時代に生まれた所伝は、総じて事実と異なることが多い。後世の人々が、記録が残っていない事柄について推測や憶測をしたり、場合によっては作為したものが多いことによる。

しかし宗瑞に関していえば、それだけではないといえる。宗瑞の家系は、その子氏綱の時に、関東にゆかりの深い北条氏の名字に改称し、それにともなって鎌倉幕府執権北条氏の子孫という系譜伝承を作り上げた。宗瑞が江戸時代以降、「北条早雲」と称されるのもそのためであった。それによって宗瑞の出自が伊勢氏であることは後景に退かされ、不明確になっていき、伊勢牢人説を含めて複数の説が生まれていった。

さらに北条家の嫡流は、北条家が滅亡した小田原合戦（一五九〇年）の翌年に断絶しており、江戸時代にはその庶流家が存続するのみで、江戸時代初期の段階ですでに宗瑞の年齢は伝承されなくなっていた。そのうえで江戸時代中期になって、宗瑞の没年齢を八十八歳とする所伝が流布するようになっていた。

そうして明治時代になって、宗瑞の経歴は、東アジアにおいて西洋列強に追いついていこうとする日本の発展状況に呼応するように、無名の存在が大成したという物語が好まれて、伊勢牢人の出身で、永享四年生まれの大器晩成の好例として取り上げられるようになった。

その一方で、明治時代以降、科学的な歴史学の手法によって、宗瑞の出自についての研究にも取り組まれるようになった。三十年ほど前までの宗瑞についての研究といえば、この出自解明が基本であったとすらいっていい。

そこでは江戸時代におけるその他の伝承も取り上げられた。実際には、江戸時代に存在した様々な伝承のなかには、事実に連なるものも存在していて、伊勢伊勢守家もしくはその一族出身という所伝も複数みられていた。

そして第二次大戦後に、一次史料を重視する研究手法の進展がみられ、当時における伊勢氏関係の史料に注目するようになったことで、宗瑞の出自は、伊勢盛定の嫡男の伊勢新九郎盛時であると確定される。そして盛時の動向に照らし合わせることで、宗瑞の生年も永享四年ではなく、康正二年が相応しいことになり、さらに駿河今川義忠妻の北川殿はその姉にあたることが明確になった。

そもそも永享四年生まれは、宗瑞の母方の叔父の伊勢貞藤にあたることが明らかになり、また没年齢八十八歳は、父盛定にあたると推定されるようになっており、宗瑞の生年をめぐる所伝は、それらの混入によるものであったとみなされる。

同時に宗瑞の動向についても、江戸時代の軍記物語によるのではなく、当時の史料に基づいた解明がすすめられた。その最たるものが、伊豆乱入の時期と伊豆攻略の時期、そして相模小田原城攻略の時期である。軍記物語では、伊豆乱入は延徳三年のことで、一ヵ月で伊豆を攻略したとされ、小田原城攻略は明応四年のこととされていた。

しかし当時の史料に基づくことで、伊豆乱入は明応二年、その攻略は同七年のことであったことが明らかになった。ともに甲斐の年代記「勝山記」（別本に「妙法寺記」）と「王代記」の記事による。そして小田原城攻略は、当時の古文書でうかがわれる状況から、明応五年以降、文亀元年（一五〇一）以前のことで、現在でも明確な時期は確定されていないが、前後の状況から明応九年の可能性が高いとみなされるようになっている。

このように宗瑞の動向については、当時の史料に基づいた研究がすすめられたことで、その実像が解明されていった。それにともなって行動の意味についても追究された。宗瑞の伊豆乱入について、かつては単純に立身出世のための野望によるものと考えられていたが、実像はそのように単純なものではなかった。

今川家の家督をめぐる内乱

宗瑞は、京都生まれの京都育ちである。父の伊勢盛定は、義兄で幕府政所頭人の伊勢貞親の政治活動を支えて、京都で活動していた。備中伊勢氏の出身のため、備中とする見解も強いが、盛定の活動の拠点は京都にあったから、京都であったとみなされる。

宗瑞が史料に登場する最初は、文明三年（一四七一）、十六歳のことで、所領の備中国荏《え》原《ばら》郷（岡山県井原市）に所在する盛定建立の菩提寺・法泉寺に出した禁制である。まだ盛定が生存しているので、これを出した立場は明確ではないが、順当に考えれば、盛定は隠居して宗瑞が家督を継ぎ、その代替わりによって出した可能性が高い。

同十年からは幕府将軍家の家長で前将軍足利義政・現将軍足利義尚の近臣として活動をみせるようになっていて、同十五年からは将軍足利義尚の申次衆《もうしつぎしゅう》（取次担当の近臣）を務めるようになっている。その活動は、長享元年（一四八七）まで続いている。

その間の文明八年二月、姉北川殿の夫である駿河今川義忠が戦死し、両者の子の竜王丸（氏親）はまだ四歳の幼少であったため、今川家の家督をめぐって内乱が生じた。父盛定は、伊勢貞親のもとで今川家への取次を務めていたから、北川殿の結婚はその関係から成立したものと考えられる。内乱は、伊豆の堀越公方足利政知（義政の庶兄）と相模国守護の扇谷上杉家の介入により、それらが支持した今川小鹿範満《おしかのりみつ》（義忠の従弟）が新たな当主につき、北川殿・竜王丸は敗北し、隠遁生活を強いられるものとなった。

堀越公方足利家とは、関東の享徳の乱にともなって、幕府方の鎌倉公方として成立をみたものになる。足利義政は長禄元年（一四五七）に、古河公方足利成氏に対抗する幕府方の鎌倉公方を立てることにし、京都天龍寺香厳院で僧となっていた庶兄を、還俗させ、政知と名乗らせて鎌倉公方に任じ、東国に下向させた。政知は翌同二年に伊豆北条（静岡県伊豆の国市）に入部し、やがて堀越を本拠としたため、堀越公方と称している。足利政知は、上杉方の鎌倉公方として、足利成氏への対抗姿勢をみせ、そのなかで駿河今川氏にも関東

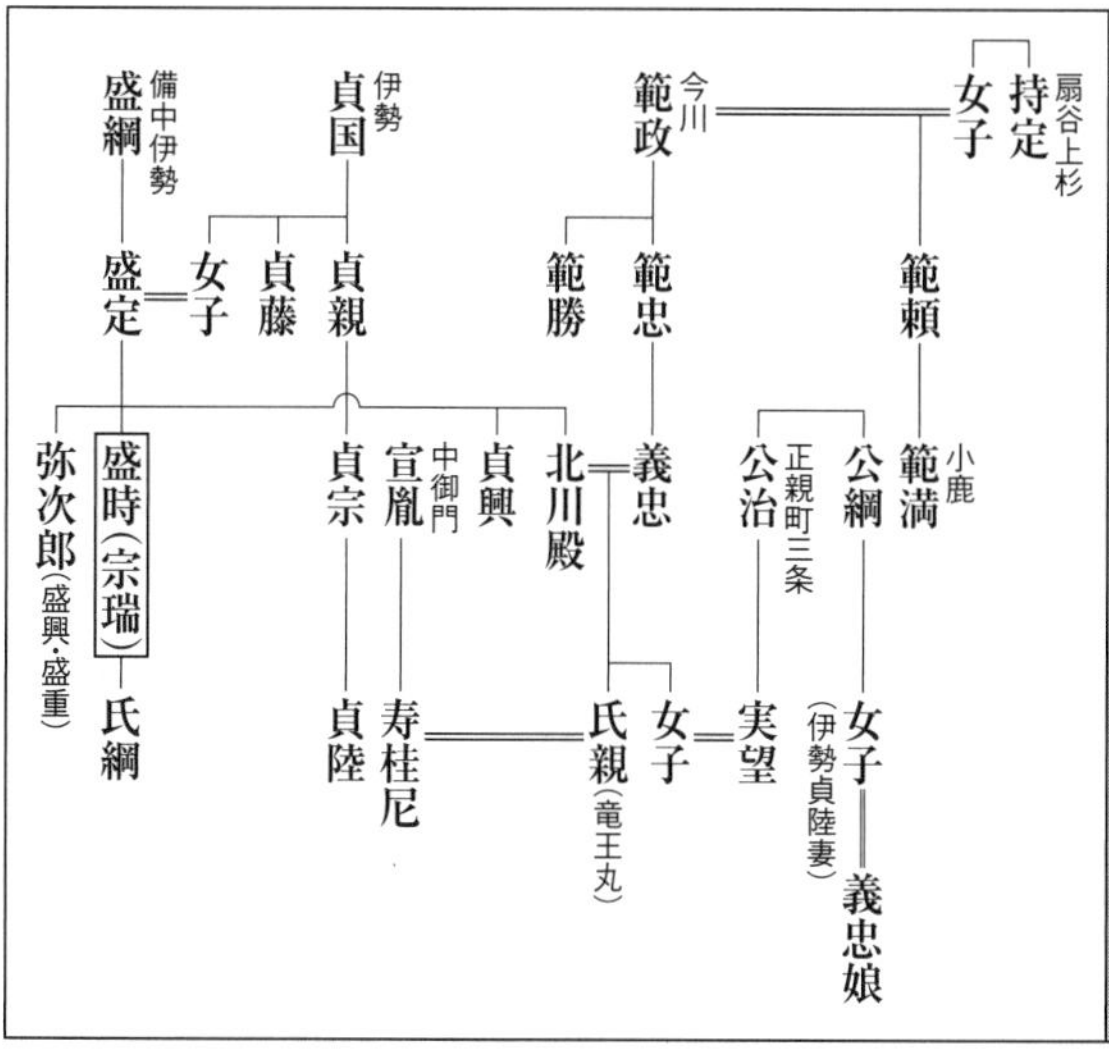

図2-1　伊勢宗瑞関係系図

への出陣や、北条御所の警固などを命じていた。

しかし今川義忠はそれに応えず、対して一族の今川小鹿範満はそれに応じていた。またこの時期、義忠は駿河の領国化をすすめていたが、その対抗勢力が政知に結びつくようになっていた。さらにその後、義忠は遠江の領国化をすすめていくが、遠江国守護はかつて政知を支えていた渋川義鏡《よしかね》の実子で幕府管領の斯《し》波《ば》義《よし》廉《かど》であり、ここでも義忠は政知に連なる勢力と対立するようになっていた。そのため政知は、義忠死後の今川家の内乱にあたって、対立的な関係にあった義忠の子ではなく、協力的であった範満を支援したと考えられる。

姉北川殿の要請による駿河下向

ところがそのような政知の態度は、文明十年頃から変化をみせる。この年初めに、古河公方足利成氏と上杉方の和睦が成立し、上杉方は足利成氏と幕府の和睦を周旋することが取り決められた。

足利成氏が鎌倉公方の地位を認められれば、政知の政治的立場は不要になる。そのため政知は、京都政界における立場の確立を図るようになったとみられ、弟の足利義政や幕府管領家の細川政元との親交を深めていった。

この状況をうけてか、北川殿は子の竜王丸の復権に取り組み、同十一年に従兄の幕府政所頭人の伊勢貞宗（貞親の子）や弟の宗瑞の尽力を得て、足利義政から、義忠遺領の竜王丸の相続を承認される御教書を獲得している。もはや政知は、積極的に範満を支援することはなくなっていたようだ。

長享元年に、竜王丸は元服適齢期の十五歳になった。江戸時代成立の軍記物語では、かつての内乱の際に、範満は竜王丸成人までの名代という取り決めがあったと伝えられている。事実かは確認できないが、足利義政からわざわざ竜王丸の義忠遺領の相続の承認を獲得していたことからすると、北川殿の側にはそのような認識はあったかもしれない。

そして北川殿は、この年の正月、娘（竜王丸の姉）と将軍足利義尚の近臣である正親町三条実望《おおぎまちさんじょうさねもち》との結婚を成立させた。その際に、娘を、伊勢氏本宗家の伊勢貞陸《さだみち》（貞宗の子）の妻（実望の従兄弟公綱の娘）の養女とした可能性がある。この婚姻は、伊勢氏本宗家と正親町三条家、さらには足利義尚との関係密接化をすすめるためとみなされている。北川殿にとっては、竜王丸復権のための重要な地ならしであったといえよう。

そしてその年の十月、北川殿は範満を実力で打倒するクーデターを起こすことを決し、弟の宗瑞にその総大将を依頼したとみなされる。前年には、かつて範満支援のため駿河に進軍してきた扇谷上杉家家宰の太田道灌が死去しており、この時期、関東では長享の乱の開戦が目前の状況にあったから、関東勢力の介入はないとの見通しのもとでのことであろう。

宗瑞は、姉北川殿の要請を容れて、駿河に下向した。そのことについては足利義尚からも承認を得たことであろう。十月下旬に、竜王丸方は駿河西部で蜂起し、十一月九日には駿府館（静岡県静岡市）を攻撃して、範満を死去させたとみなされる。こうして北川殿は、宗瑞の協力のもと、竜王丸を今川家の家督に据えることに成功した。

茶々丸のクーデター

範満の討滅に成功したものの、範満方との抗争はしばらく続いたようだが、それも二年後の延徳元年（一四八九）までには終息させている。

新当主の竜王丸はまだ年少のため、叔父にあたる宗瑞が、その後見役として、領国統治や軍事を担った。竜王丸は、駿府西方の丸子（静岡県静岡市）に新屋形を構え、宗瑞は駿河西部の石脇城（静岡県焼津市）に在城した。竜王丸の領国は、駿河中央部・西部に加え、東部の一部（富士下方地域）におよんだとみなされ、下方地域で宗瑞は吉原郷（静岡県富士市）など所領三百貫文を与えられたと伝えられている。

こうして宗瑞は、姉北川殿の要請をうけて駿河に下向し、甥の竜王丸を新たな今川家当主に据えるクーデターを主導し、戦後も竜王丸が年少のため、その後見役を務めて、領国統治・軍事を主導した。そこでは石脇城を本拠として与えられ、下方地域でも所領を与えられた。

しかもそれだけでなく、堀越公方足利政知とも主従関係を結んで、政知から伊豆で田中郷（静岡県伊豆の国市）・桑原郷（同函南《かんなみ》町）を所領として与えられたことも伝えられている。クーデターに対する足利政知の関わりは不明であるが、そのような状況からすると、政知は竜王丸方の行動を支持していたとみてよいであろう。

そしてそれを主導した宗瑞について、幕府将軍家ゆかりの人物であるからとして、自らの直臣の立場を与えたという。ここに宗瑞は、堀越公方足利家とも直接の関係を成立させたとみなされる。

しかし宗瑞の立場の基本は、あくまでも幕府将軍家の直臣であった。そのためその後は、京都に帰還し、将軍足利義稙《よしたね》（当時は義材《よしき》、のち義尹《よしただ》）の申次衆に就任している。ところが延徳三年四月三日に足利政知が死去したことで、堀越公方足利家では内乱が生じることになる。政知には、庶長子に茶々丸があり、次男に嫡出長男の清晃《せいこう》、三男に嫡出次男の潤《じゅん》童子《どうじ》という三人の男子がいた。

清晃はかつて政知が入寺していた天龍寺香厳院に入寺して、幕府将軍家の有力な後継候補になっていた。そのため政知とその正妻武者小路氏（円満院）の間では、潤童子を後継者と考えていたことであろう。

ところがそれに茶々丸が反発し、七月一日にクーデターを起こすと、円満院と潤童子を殺害し、自ら堀越公方足利家の当主についた。しかし政知方の家臣らによる抵抗があり、伊豆は内乱状態に陥った。宗瑞は政知方とみられていたらしく、おそらく伊豆の所領は茶々丸に没収されたことであろう。

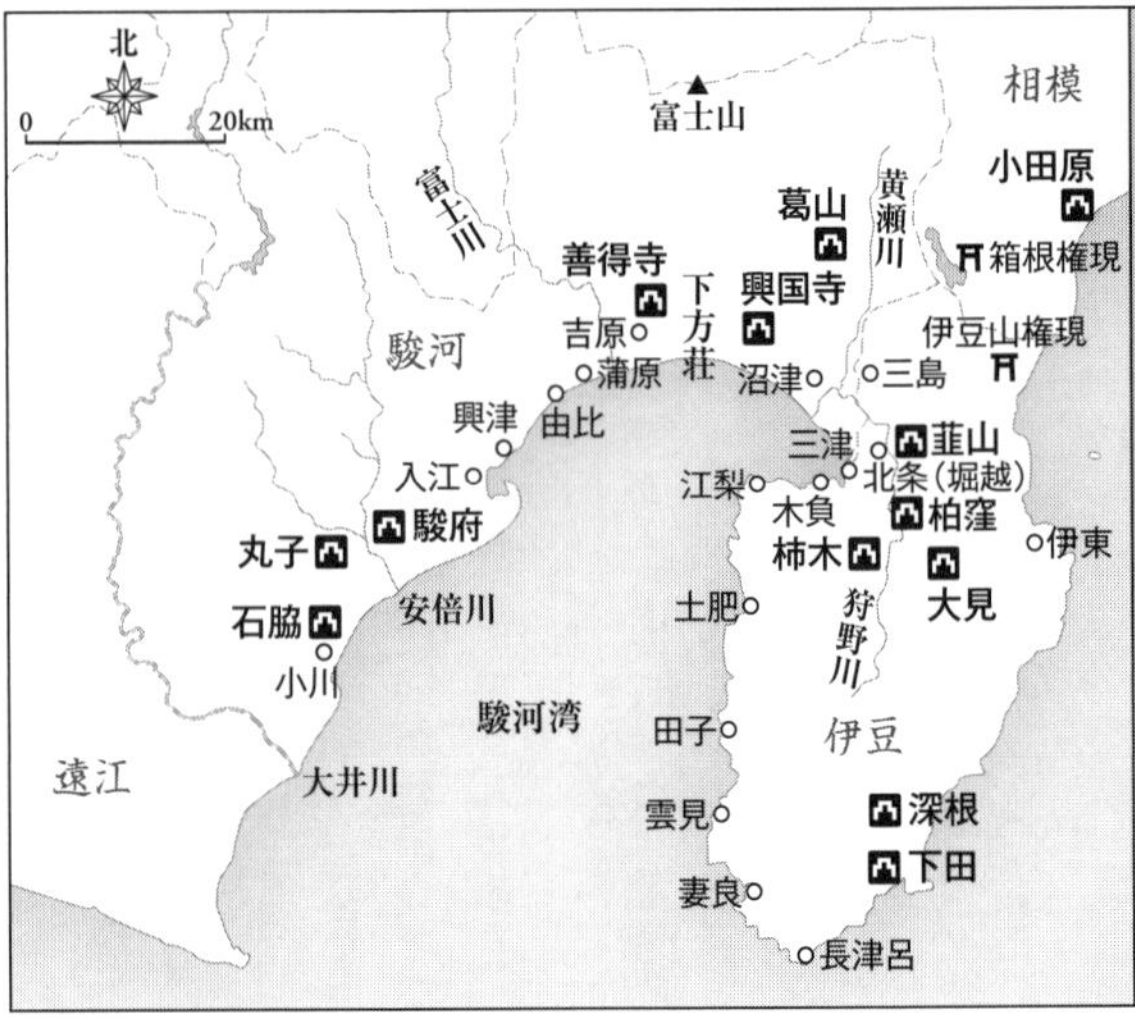

図2-2 伊勢宗瑞関係図

隣接する政治勢力との抗争

この茶々丸のクーデターをうけて、宗瑞は八月には急遽、駿河に下向した。これについても将軍足利義稙からは承認を得たとみえて、宗瑞はその後は奉公衆に転属するかたちがとられている。今川家も茶々丸とは対立関係になったであろうから、今川家の軍事を主導するためであったろう。

そして翌明応元年（一四九二）から、茶々丸とその反対勢力との対立状況は、甲斐武田家の内紛に結び付き、武田家では内乱が生じることになる。当主の信縄《のぶつな》と、隠居の信昌・次男信恵《のぶよし》との抗争が開始され、今川家は信昌・信恵を支援して、宗瑞を大将にしたとみられる軍勢が甲斐に進軍している。一方の信縄は、茶々丸と結びついていた。

　こうして今川家と宗瑞は、周辺の政治勢力との抗争に巻き込まれた。そこにおいて宗瑞は、将軍足利義稙の承認を得たうえで、再び今川家の軍事を主導することになった。足利義稙が、茶々丸の存在をどのようにとらえていたかは明確ではないが、実力によるクーデターは、幕府秩序を無視した行為とみなしていた可能性はある。そのため宗瑞の下向に際しては、それとの抗争を容認するものであったかもしれない。

　しかしこの時の抗争は、今川家の領国内部にとどまらず、隣国の甲斐に進軍しているように、隣接する政治勢力との抗争をともなうものとなっていた。おそらく宗瑞としては、駿河の政治的安定を果たしたら、かつてと同じく京都に帰還するつもりであったであろうが、実際の情勢はそれが許されるようなものではなくなっていた。結果として、この後宗瑞は、京都に帰還することはなく、そのまま東国に在所し続けるのであった。

伊豆乱入を決意させた要因

　宗瑞の伊豆乱入の前提には、そのように堀越公方足利茶々丸の動向があった。茶々丸はまた、甲斐武田家について当主信縄と結んでいただけでなく、関東の山内上杉家と結びついていたとみなされ、それをめぐる動向は関東における長享の乱とも連動するようになっていた。

伊豆に隣接していた駿河東部の駿東郡北部と相模西郡は、扇谷上杉方の国衆の大森家の領国であり、駿東郡南部は、今川家と結んでいた国衆の葛山《かつらやま》家の領国になっていた。茶々丸はそれら隣接勢力と対立関係にあったため、その背後に位置した武田信縄や山内上杉家と結びついたのであろう。

そうしたなかで明応二年、宗瑞は足利茶々丸に公然と敵対し、伊豆に乱入するのである。時に三十八歳であった。その時期については現在でも明らかになっていない。しかしこの乱入については、室町幕府の新将軍となる足利義澄（もと清晃、当時は義遐《よしとお》、のち義高）から、その母と弟の仇の討伐として認められていたと考えられており、その足利義澄が将軍についたのは、この年四月に行われた、幕府管領家の細川政元によるクーデター（明応の政変）によるものであったから、四月以降のことであった可能性が高い。

宗瑞の伊豆乱入は、そのように室町幕府の承認を得てのものであったとみなされる。足利茶々丸を滅亡させ、伊豆を経略したのち、伊豆を自身の領国としたことについて、幕府からは伊豆国主として認められているから、茶々丸の討滅と伊豆経略についてもあらかじめ認められていたか、もしくは結果として容認されたと思われる。

しかし実際に茶々丸との抗争は、幕府の承認を得ただけで実現できるものではなかった。そのため宗瑞は、乱入にあたって、茶々丸方と敵対関係になっていた扇谷上杉家との連携を図るのであった。そのためその後、宗瑞は扇谷上杉家から関東への出陣を要請されることになり、数度におよんで援軍を派遣することになる。

扇谷上杉家は相模国守護として大名の家格にあり、対して宗瑞は今川家の御一家衆という、それより格下の身分にあった。そのため扇谷上杉家との連携は、扇谷上杉家を上位とする関係をとらざるをえなかったといえる。

とはいえ、幕府からの承認を得て、扇谷上杉家との連携を形成したというだけでは、宗瑞に伊豆乱入を決意させた要因とは成りがたいように思われる。しかも茶々丸との抗争は、そうたやすいものではなく、乱入の当初こそ、今川家とそれに従う葛山家からの援軍が出されたことが軍記物語に伝えられているものの、その後の足かけ六年におよぶ伊豆経略は、基本的には宗瑞の独力によって遂行されることからすると、実態としてこれは、今川家としてのものではなく、あくまでも宗瑞によるものであったとみなされる。

では宗瑞に、それほどまでに茶々丸への対抗をおしすすめさせた動機は何であったろうか。それを江戸時代以来語り継がれていた、立身出世のための野望とするのは、あまりに皮相である。

そこで想起されるのが、宗瑞自身、以前に堀越公方足利家と主従関係を結んでいて、同家から伊豆で所領を与えられていた、という所伝である。このことに立脚すれば、宗瑞にとって茶々丸は、自身の所領を不当に没収した存在になり、それを実力によって奪回することは、**名誉回復を果たす行為**として認識することができる。この当時、社会的地位は名誉によって担保されており、蒙った損害は自力で回復する必要があった。宗瑞のこの行動も、それを基底にしていたと考えられるのではないか。

またこの伊豆乱入にともなって、宗瑞は出家し、早雲庵宗瑞を称した。実際に出家が確認されるのは、その翌年（明応三年）九月のことになるが、出家は何らかの政治的契機をもとに行われるのが通例であることからすると、この伊豆乱入にともなうものであった可能性が高い。

宗瑞が幕府直臣の立場にあったことが確認できるのは前年まででであることを踏まえれば、伊豆乱入にあたり、幕府直臣の立場を離れ、今川家の御一家衆の立場に特化するにともない、その政治的立場の転換にあわせて出家したのではないか、と思われる。

困難を極めた伊豆経略

しかしながら宗瑞の伊豆経略は、順調にはすすまなかった。むしろ多くの困難をともなうものであった。最初の侵攻は明応二年であったが、その時の成果については明らかではない。茶々丸も依然として北条御所に健在であったようだ。

ただ今川家としては、駿東郡南部を領国に組み入れた成果があったとみられ、同地域の沼津郷・沢田郷・大平郷（静岡県沼津市）は、北川殿の所領とされ、一部で宗瑞が代官を務めるようになっている。これらは宗瑞の伊豆乱入の際に経略したもので、そのため宗瑞姉の北川殿の所領にされたのだろうと思われる。

明応三年には、伊豆侵攻は確認できず、代わりに宗瑞は、今川軍の総大将として遠江侵攻を行っている。これは今川家が本格的な遠江経略を開始したもので、まだ元服前の竜王丸に代わり、宗瑞が総大将を務めたのであった。そしてその帰陣後には、扇谷上杉家から援軍の要請をうけ、九月から十一月におよんで、相模・武蔵に進軍している。

この時に、宗瑞は初めて扇谷上杉定正と対面したが、上杉定正自身は、この戦陣のなかで不慮の死を遂げてしまい、その家督は養子の朝良《ともよし》によって継承された。宗瑞は扇谷上杉家の当主の交替があっても、引き続いて同家との連携を維持している。

ここで注意しておくべきは、扇谷上杉家からの援軍要請が、今川家にではなく、宗瑞そのものになされたことである。このことは扇谷上杉家と連携しているのは、今川家ではなく、あくまでも宗瑞個人であった、ということになる。宗瑞は、今川家の御一家衆として、当主竜王丸の後見役として、今川家を構成する一員という立場の一方で、扇谷上杉家からは、自立した政治勢力として認められていたことがうかがわれる。

このことから宗瑞の伊豆経略は、今川家の一員としてのものではなく、自立した政治勢力としてすすめられたものであったとみることができる。それに対応して、宗瑞が経略した領国は、今川家からも、自己の領国ではなく宗瑞の領国として認められるものとなる。

茶々丸の逆襲

経略が大きく前進したのは、明応四年二月頃のことであった。茶々丸を北条御所から追放し、伊豆から没落させて、伊豆大島に退去させたのち、さらに武蔵に追いやることに成功した。茶々丸は山内上杉家を頼ったとみなされている。

これにより宗瑞は、伊豆中心部を掌握し、北条御所に代わる領国支配の拠点として韮山《にらやま》城を構築し、以後は自身の本拠とした。

そしてこの頃には伊豆北部一帯の領国化を遂げたと思われる。それをうけて、駿河に存在した所領などは、今川家に返還したことであろう。また駿河に在住していた家族や家臣をすべて呼び寄せたことと思われる。

さらには今川家でも、宗瑞が韮山城を本拠とするにともなって、竜王丸は元服して氏親を名乗るとともに、本拠も丸子から駿府に移すのであった。こうして駿河国主の今川家と伊豆国主の伊勢家の関係の在り方が明確化されることになった。

ところが明応五年七月に危機が訪れる。この年に入って、山内上杉家は扇谷上杉家への反撃を開始し、相模中郡に侵攻した。おそらく同地域における扇谷上杉家の拠点であったであろう七沢城（神奈川県厚木市）を攻略し、七月には西郡に侵攻して、扇谷上杉方の国衆大森家の本拠の小田原城（同小田原市）攻略に向かってきた。

さらには武蔵に逃れていた足利茶々丸が、山内上杉家と武田信縄の支援を得て、武蔵から甲斐郡内を経由して、大森家の領国である駿河駿東郡北部の御厨領に侵攻してきた。山内上杉家と足利茶々丸は、両面作戦で大森家領国に侵攻したのであった。

扇谷上杉家はそれに対し、一門衆・親類衆・家宰・宿老家一族などからなる主力軍を援軍として小田原城に派遣し、また宗瑞にも援軍を要請した。宗瑞はこれをうけて、弟の伊勢弥次郎（実名は盛興とも盛重とも伝えられる）を小田原城に派遣した。そして山内軍の先陣の長尾景英に対し、扇谷軍の先陣として長尾伊玄（実名は景春、景英の父）と伊勢弥次郎が交戦したが、敗北してしまう。弥次郎は戦死したと誤報が流れるほどのものであった。

この敗戦によって、大森家は扇谷方から離叛し、山内方に従属することになった。これにより相模西郡は山内方になった。また大森家のもう一つの領国であった駿河御厨領も、足利茶々丸に経略されたとみなされる。

この結果、宗瑞が確保していた伊豆北部は、茶々丸方・山内方に取り囲まれるかたちになり、翌明応六年になると、伊豆中部の茶々丸方から、韮山城に向けて攻撃が行われるような情勢になった。伊豆北部の維持すらも困難な事態に陥るのであった。

領民復興に取り組んだ

伊豆における抵抗勢力の代表は、伊豆中部の柿木城（静岡県伊豆市）を本拠にしていた狩野道一であった。宗瑞は修禅寺近くに柏窪城を構築し、狩野勢と対峙していた。狩野勢から反撃をうけるようになって、柏窪城では籠城戦を強いられるようになった。明応六年正月頃、柏窪城を攻める狩野勢に対し、家臣になっていた大見三人衆が攻撃し、撃退に成功した。これによって柏窪城の危機は救われた。

その後の動向についても明確には判明していないが、翌明応七年八月に、宗瑞は足利茶々丸の殺害に成功し、それにともなって茶々丸方を制圧して伊豆一国の経略を遂げるのである。茶々丸の殺害がどこで行われたのかについては、現在でも判明していない。

伊豆や甲斐とみる見解も出されているが、茶々丸の動向が確認される最後は、駿河御厨であったことからすると、宗瑞が御厨に侵攻して、茶々丸を殺害したと考えるのが妥当と思われる。そしておそらく、それにともなって伊豆で茶々丸方の代表勢力であった狩野道一も滅亡したのであろうと思われる。

ちなみに江戸時代の軍記物語では、茶々丸の滅亡を伊豆北条としたり、同時に狩野氏も滅亡したとしたり、あるいは旧臣の関戸播磨守が伊豆南部の深根城（静岡県下田市）で抵抗していたのを滅ぼしたことで、伊豆経略が遂げられた、と所伝している。しかしそれらは前後の状況と整合性がみられないので、いずれも江戸時代になって成立した所伝とみなすのが妥当と考える。

宗瑞は、少なくとも八月二十五日より以前に、下田を勢力下においていたことがうかがわれる。したがってその時までには、茶々丸の討滅を果たし、伊豆一国の経略を遂げていたとみなされる。

下田を勢力下においた宗瑞は、同地を拠点にしていた御簾真敷を伊豆八丈島代官に任じて、同島に向けて出立させていて、伊豆諸島支配にも乗り出している。その御簾が伊豆新島に到着した際に、大津波が襲来したことが伝えられている。この津波は、八月二十五日に起きた明応大地震にともなうものであった。したがって宗瑞の伊豆経略は、同地震発生以前のことであったことがわかる。

その明応大地震は、太平洋岸に甚大な被害をおよぼしたことで知られている。宗瑞は、経略成った伊豆で、早々に甚大な災害による被害をうけることになったのであった。当然ながら、宗瑞はその復興に取り組んだことであろう。

しかしその実態について、当時の史料で伝えるものはない。わずかに江戸時代の軍記物語にその痕跡をうかがうことができるにすぎないが、それをみると宗瑞は領民復興に真摯《しんし》に取り組んだことが示されている。

その後の宗瑞が、「禄寿応穏」(領民の生命と財産を保障し、平穏無事の社会にする)をスローガンに掲げて、領民の存立を基底に据えた領国支配を展開していくことからすると、そうした伝承はその記憶に基づいたものであったかもしれない。

「天下の英物」

ともあれこうして宗瑞は、堀越公方足利家を滅亡させ、その領国であった伊豆を自らの領国として、伊豆一国を領する戦国大名となった。以後において宗瑞は、幕府をはじめ周囲の政治勢力からも、伊豆国主の政治的地位を認められる。

この宗瑞の行為は、長らく下剋上の典型とみられてきた。それは「牢人による国盗り」と理解されてきたからであろう。しかしながらその実態は、**下剋上の典型とは言いがたい**。そもそも宗瑞は、堀越公方足利家の家臣ではなく、隣国の駿河今川家の御一家衆という立場にあった。前代の堀越公方足利政知との間には主従関係も形成されていた形跡はあるが、その時点での宗瑞の立場の基本は、幕府直臣であった。

そのため宗瑞のこの行為は、主君に取って代わるものではなかった。しかし室町幕府の政治秩序の構成要素であった堀越公方足利家を、幕府の承認のもととはいえ、それを討滅し、その領国を自らのものとして戦国大名に成り上がったことは確かである。

このように**大名の身分になかったものが、隣接する勢力を打倒して戦国大名化した**のは、間違いなく宗瑞が最初の事例であり、何よりもその領国に基盤を全く有していなかったものが、戦国大名化した事例としては、戦国時代のなかでもこれが唯一になる。

こうしたことが可能であったのは、領国を形成する領域権力の展開がみられるようになっていたこと、戦国時代という、戦争が恒常化し、それによって領国を維持するという社会になっていたことによる。宗瑞の伊豆経略が可能であったのは、そうした時代状況に基づいたものといえる。

ちなみに宗瑞はその後、永正六年から相模侵攻を展開し、同十三年には相模一国の経略を遂げる。これにより宗瑞は、伊豆・相模二ヵ国の戦国大名となる。そして同十六年四月から六月の間に、家督を嫡男氏綱に譲って隠居し、同年八月十五日に六十四歳で死去する。

その死去に際し、宗瑞は「豆・相州の賢太守」「天下の英物」と評された。たった一代で、しかも他国からの進出で二ヵ国を領する戦国大名となった人物は、宗瑞のほかにはいない。宗瑞は、たしかに「天下の英物」であったといえよう。

第三章　朝倉孝景と尼子経久の困難

――守護家の重臣が主家から自立し、実力で戦国大名化した

尼子経久

下剋上による戦国大名化

戦国時代の早い時期に、下剋上によって戦国大名化したものの代表的な存在として、越前の朝倉孝景《たかかげ》と出雲の尼子《あまご》経久《つねひさ》があげられるであろう。

朝倉孝景は、室町幕府管領家かつ越前・尾張・遠江三ヵ国守護の斯波家の重臣で、応仁・文明の乱のなかで、越前において主家から自立し、文明三年(一四七一)に幕府から事実上の越前国主と認められた。

尼子経久は、幕府重臣で近江北部に勢力を有するとともに出雲・隠岐・飛驒三ヵ国守護であった京極家の重臣で出雲国守護代であったが、一旦は主君の京極政経から追放されたものの、文明十八年(一四八六)に復権を果たし、以後は実力によって出雲の領国化をすすめていった。

とはいえ、いずれの場合も、下剋上による戦国大名化とはいっても、その過程は単純なものではない。朝倉家の場合は、かなり後の時期まで、主家であった斯波家との関係の在り方が問題として続いていて、越前一国の平定を遂げるのは、孝景が死去した直後の文明十三年のことであり、その直後には斯波家の子息の名目的な守護への推戴を余儀なくされている。そして名目的にも越前国主として確立するのは、永正十三年(一五一六)に曾孫の四代孝景が幕府から国主待遇の栄典を認められたことによる。

尼子家の場合も、経久は明応年間（一四九二〜一五〇一）には事実上の出雲大半の領国化を遂げていたが、主家の京極家との関係は問題となっていて、永正五年に京極政経が死去し、その嫡孫吉童子丸の将来を託されることで、ようやく関係を改善したものの、経久の立場は最後まで守護代のままであった。

その一方で、永正九年頃から周辺地域の経略をすすめるようになり、経久の晩年には「十一州の太守」と評されるまでになっている。ただしその立場が名目的にも確立するのは、経久の死去から十一年後、天文二十一年（一五五二）に嫡孫晴久が幕府から出雲など六ヵ国守護に任じられるまで下ることになる。

朝倉孝景と尼子経久は、**ともに守護家の重臣の立場から、在国のなかで主家から自立し、実力によって主家の影響力を排除して、戦国大名化した事例**になる。共通するのは、自立化の前提に、守護家や国内ですでに戦乱状態にあったことといえる。

以下ではその過程を、具体的にみていくことにしたい。

朝倉孝景と斯波家

朝倉孝景は正長元年（一四二八）の生まれで、斯波家重臣の朝倉教景《のりかげ》の嫡男家景の嫡男で

図3-1 朝倉氏略系図

教景——家景——孝景（初代）——氏景（二代）——貞景（三代）——孝景（四代）——義景（五代）

あった。実名は初め、主君斯波義敏《よしとし》から偏諱《へんき》（実名の一字）を得て敏景を名乗っていたが、長禄二年（一四五八）頃から義敏と対立したため教景を名乗り、さらに寛正六年（一四六五）に孝景に改名している。

また斯波家のなかでの朝倉家の地位は、家宰と越前・遠江国守護代を務める甲斐家、尾張国守護代を務める織田家に次ぐような地位にあった。基本的には当主に従って在京していたが、すでに本拠的な所領として越前一乗谷《いちじょうだに》（福井県福井市）が存在していたとみなされている。

斯波家では、斯波義敏が庶流から家督を継承したのち、義敏と家宰の甲斐常治（法名、実名は将久《ゆきひさ》）との対立が生じ、それは長禄二年に、越前で、義敏に味方する越前の国人と甲斐・朝倉方との合戦へと発展した（越前長禄合戦）。

当時、教景嫡孫の立場にあった孝景は（父家景はすでに死去）、それにともない、甲斐常治の嫡男敏光らとともに、京都から越前に下向した。幕府は義敏を追放して、その子松王丸（のち義良《よしすけ》・義寛《よしとお》）を家督にすえ、甲斐・朝倉方を支援した。

孝景らは、義敏方との攻防の末に、翌年にようやく越前中心部に入部を果たし、反対勢力を鎮圧している。この合戦は、当時「主従の合戦未曾有の次第」（主従の合戦はこれまでにないことだ）と評されており、家臣側の実力行使が公然化するようになったことがわかる。

その結果として、孝景は弾正左衛門尉に任官され、おそらくはその頃に祖父教景（寛正四年死去）から家督を継承したのではなかろうか。以後は当主に従って行動した。寛正二年に、幕府は斯波家の家督について、松王丸を廃し、足利氏御一家の渋川義鏡の子（義廉《よしかど》）に継承させた。

ところが同四年に、義敏が幕府から赦免されたことで、斯波家では義廉と義敏方との対立が生じるようになった。文正元年（一四六六）に義敏は斯波家家督に返り咲くも、その年の政変で一転して失脚し、義廉が復帰した。孝景は甲斐敏光とともに、義敏排斥に動いていた。そして義廉の重臣、越前に勢力を持つ最有力者として、越前での影響力を強め、この年十月から越前統治のための発給文書を残すようになっている。

応仁元年（一四六七）正月から在京大名同士の抗争が開始された。この時、孝景は義廉の重臣として、斯波持種《もちたね》（義敏の父）・松王丸らを襲撃し、越前に追いやっている。そして大名同士の抗争は、応仁・文明の乱の勃発にいたる。

図3-2 斯波氏略系図

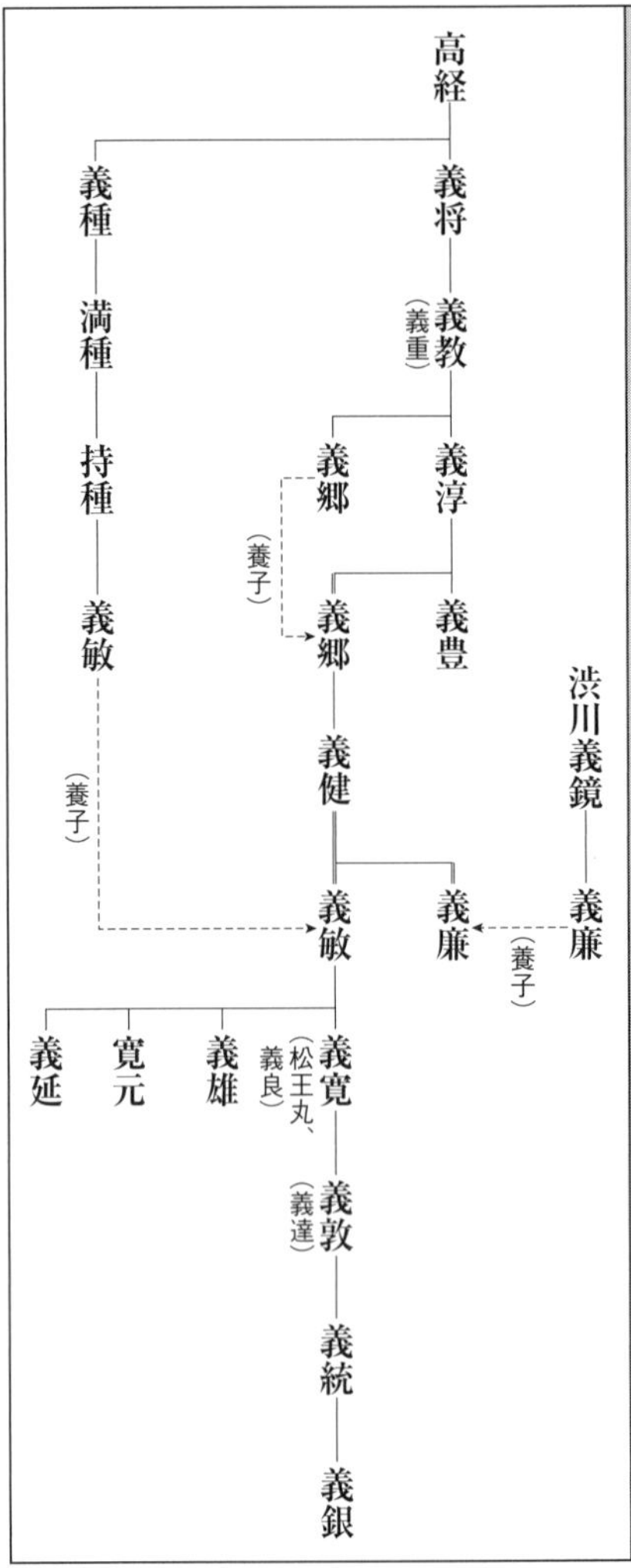

斯波義廉は西軍に属し、対立する斯波義敏方は東軍に属することになる。持種・義敏は越前に在国して、その勢力の確立をすすめていき、前当主の松王丸は翌年に上洛して東軍の陣営に参加した。

孝景は、義廉の重臣として、京都で活躍をみせ、西軍方の有力武将として存在するようになっていた。しかし応仁二年閏十月になって、嫡男の氏景を京都に残しつつ、自らは弟二人をはじめ軍勢の大半を率いて越前に下向するのであった。

その理由は、越前で義敏方の勢力が拡大し、孝景の勢力が劣勢になっており、それを回復するため、とされている。しかしその直前の九月二十日に、東軍の将軍足利義政から、味方に参じる命令をうけている。そのため孝景の越前下向については、この足利義政の命令に応じるためと考えられている。

実際にも孝景は、翌年の文明元年（一四六九）正月の時点で、足利義政ら東軍に応じる姿勢をとっていたことが確認されるから、孝景が東軍に応じることを前提に、越前に下向したことは確かとみなされる。

しかし東軍に応じることと越前に下向することとは同義ではない。在京のまま東軍に応じることもできるからである。孝景の勢力が、越前を中心にしたものであったとすれば、むしろ孝景は、東軍に応じる姿勢をとりながら、越前での勢力回復がより本当の理由であったと考えられる。孝景にとっては、京都での戦乱の行方よりも、越前における勢力の確保が優先されたであろう。

それは主家の存立よりも、自らの存立を優先させるものであった。戦乱が大規模化していくなかで、孝景はいちはやくその選択をしたといえる。孝景はこの時、四十一歳であった。

「殿上人」として振る舞う

下向した翌年の文明元年正月、将軍足利義政と管領細川勝元は、越前国人に出した文書で、斯波義廉家臣の追討を孝景に命じたので、それに味方するよう命令している。五月にはそれをうけて、孝景から越前国人に味方するよう書状を出し、そこでは所領について保障している。孝景には本来、家臣ではない越前国人に対して、所領を保障する権限はなかったが、越前における東軍方の大将として、自身の軍事指揮下に入ったものに対して、実質的にその権限を行使するようになったことがわかる。

とはいえ孝景は、まだ東軍に属していない。しばらくは足利義政らと政治交渉を続けている。文明元年六月に、東軍に属すことを表明するが、それへの見返りをめぐって交渉が続けられたらしい。

そして同三年五月二十一日、足利義政から、越前国守護職について、孝景の望みの通りにすることが保障された。かつてはこれについて、孝景が守護に任命されたと理解されてきたが、任命の文言がないこと、以後においても朝倉家が守護に任命された事実が確認できないことから、違うと理解されている。そうするとその内容は、文面通りに、守護は孝景の意向の通りに任命する、ということと理解される。

また孝景の立場は、将軍家への「直奉公分」とされた。これは将軍家と直接に奉公関係を持つもので、それまでの斯波家家臣という陪臣の立場から、将軍家直臣の立場を認められるものであった。

これをうけて孝景は、東軍に属すことを決断した。六月六日には孝景の寝返りは西軍に伝わり、甲斐家は軍勢を越前に派遣した。八日に、在京していた嫡男氏景も東軍に参じ、九日に足利義政に出仕して越前に下向し、孝景に合流した。孝景からの指示をうけてのこととみて間違いなかろう。

そして十日、孝景は東軍に属してついに蜂起した。それをうけて十一日、足利義政は、周辺の東軍大名らに孝景への支援を命じている。孝景の抗争相手は、西軍方の甲斐氏を中心とする勢力であった。越前には、東軍方であった斯波義敏の勢力もあったが、孝景はそれと連携することはなく、あくまでも別勢力として存在したらしい。

その際に孝景は、「国司」を称し、「殿上人」（天皇御所に昇殿できる身分）として振る舞ったという。具体的な内容は明確になっていないが、孝景は越前守に任じられたわけでなく、殿上人の身分を認められたわけでもないから、これは自ら越前国主として振る舞った、ということなのであろう。

しかしこれが越前の国人たちの反発を買い、七月の甲斐勢との合戦には敗北してしまった。この孝景の行為について、当時「今度一天下乱るるは教景（孝景）の所行」と酷評されている。とはいえそこには、実力によって既存の政治秩序・身分秩序を打破していく様相をみることができる。

越前一国の平定

孝景は、直後の八月に、甲斐勢が押さえていた府中（福井県越前市）を攻撃し、勝利した。この勝利を、在京の斯波松王丸に連絡しているので、孝景は松王丸を守護として推戴していたことがわかる。ただし孝景は、その一方で、在国の斯波氏一族の誰かを、「斯波殿」として推戴してもいたらしい。

そして同四年八月、府中を攻略して甲斐勢を近江や加賀に後退させた。これによって孝景は、「守護分となる」と評されるようになっている。実際にも孝景は、この後において、国内の寺社に対して所領を安堵し、味方についた斯波家家臣や国人には、甲斐勢らから没収した所領を与えて、主従関係を形成していく。

さらには幕府から守護権の行使を承認されて、半済《はんぜい》（年貢の半分を守護が軍事費用として徴収できる権限）などの政策を行い、事実上の越前の領国化をすすめて、戦国大名化していくことになる。

ただしその後もしばらく、甲斐勢による加賀・近江から越前への侵攻は繰り返された。文明六年六月には、西軍方の美濃国守護代斎藤妙椿《みょうちん》が甲斐勢支援のため、越前に進軍してきて、孝景は甲斐氏との和睦を成立させた。これによって甲斐勢は、実質的に越前から退去するものとなった。そして同七年には、大野郡を勢力下においていた斯波義敏の攻略を遂げた。ここに孝景は、越前一国の平定を遂げるのであった。

越前国主としての確立へ

孝景にとって、解決すべき残された課題は、主家の斯波家との関係の在り方であった。斯波義敏は越前から退去すると、在京して実子の当主義良（もと松王丸）の指導にあたった。同八年になると、義良は孝景退治のため越前侵攻を計画するようになる。

そして同十一年閏九月に、実際に斯波義良らによる越前侵攻が行われた。義良と甲斐勢は十一月には越前への入部を果たし、北部や東部地域が経略された。越前の大半は、孝景の領国として維持されてはいたが、斯波義良や甲斐氏が越前の政治勢力として存在するようになった。

この問題の解決は、孝景の生前には遂げられなかった。孝景はその状況のまま、文明十三年七月二十六日に、本拠の一乗谷館で五十四歳で死去した。家督は嫡男の氏景が継承するが、すぐに斯波方との抗争が展開された。氏景は八月の合戦に勝利して、大勢を決し、九月には斯波方をすべて国内から退去させるのであった。

そのうえで十一月に、斯波義良系とは対抗関係にあった斯波義廉の子息を一乗谷に迎えて、「屋形」として推戴している。氏景の姉が斯波義廉の妻であったから、この義廉子息は氏景の甥にあたるとみられている。なおこの義廉子息は、その後は「武衛」(斯波家当主の通称)「かんそう寺殿」と称されつつ、鞍谷《くらたに》庄に居館を構え、子孫は鞍谷殿と称され、朝倉家の客分化していく。

文明十五年に、斯波義良は越前回復を諦めて、尾張に下向した。これをうけて氏景と甲斐氏は和睦し、朝倉家の越前国守護代の地位が認められ、斯波家当主は義廉に決められた。けれどもこれを承認しない甲斐勢による侵攻が翌年まで続いている。そして同十八年に氏景は三十八歳の若さで死去し、家督はその嫡男の貞景が継承した。

そして長享元年(一四八七)と延徳三年(一四九一)~同四年(明応元年)に、将軍家の近江出陣と、それへの尾張斯波義寛(もと義良)と朝倉貞景の参陣にともなって、越前支配と斯波家と朝倉家の関係をめぐって、幕府において相論が行われている。

管領家の細川政元家臣による周旋により、朝倉家の越前に対する実効支配と将軍家「直奉公分」については、斯波家からは容認された。しかし斯波家からは、貞景の斯波義寛への出仕を求められ続けた。朝倉家としては、これについては容認できず、そのままこの相論は立ち消えになる。そうではあったが、こうしてようやく、幕府の政治秩序において、朝倉家の越前「守護分」「直奉公分」という地位が確立することになった。

そして朝倉家が、名目的にも越前国主としての家格を認められるのは、永正十三年（一五一六）に四代孝景（貞景の子）が、将軍足利義稙から白傘袋《しろかさぶくろ》・毛氈鞍覆《もうせんくらおおい》の使用を免許されたことによった。初代孝景が越前での覇権を確立した文明四年から数えて実に四十年以上が経過しており、斯波家との関係確認が沙汰止みになってからも二十年以上が経っていた。実質的な政治的地位を、身分制的秩序に反映させるには、それだけの年月が必要であったことがわかる。

初代孝景は、文明三年から開始した越前における自立行動について、「今度一天下乱るるは教景（孝景）の所行」と評され、当時の政治秩序を乱す行為として非難された。同十三年に死去した際に、その人物評でも「天下の悪事等始めて行う張本なり」と酷評されている。

いずれにおいても孝景は、前代以来の身分制秩序を構成する人々からは、そうした秩序を破壊する存在と認識されていた。しかし逆にいえば、孝景こそがそれを成し遂げた最初の人物であり、ちょうどそれが可能な時代に入っていたとみることができる。

尼子経久と京極家

尼子経久は、長禄二年（一四五八）の生まれで、京極家の庶流出身の重臣で出雲国守護代を務めた尼子清貞の嫡男であった。京極家は、応仁・文明の乱においては東軍に属した。尼子清貞は出雲に在国し、月山富田城《がっさんとだ》（島根県安来市《やすぎ》）を本拠に、分国の安定と統治にあたった。出雲でも戦乱が展開されるようになっており、清貞は敵対する現地の国人らと抗争し、出雲支配の安定に努めた。こうして尼子家は、京極家の出雲支配を実質的に担う立場を成立させていた。

文明八年（一四七六）から同十一年までの間に、父清貞は死去したとみなされ、嫡男の経久が家督を継いだ。わずか十九歳から二十二歳のことになる。当時の京極家当主は政経で、出雲・隠岐・飛驒・近江四ヵ国守護であった。経久の実名はその政経から偏諱を与えられたものである。家督相続と同時に出雲国守護代も継承され、同十一年八月には、政経から出雲での所領を安堵されている。経久は父が構築した勢力を継承したと考えられるが、同十四年からそれをめぐり幕府・主家との対立が生じた。

出雲・隠岐では、幕府から段銭《たんせん》納入を免除されていたが、経久は、段銭だけでなく幕府に負担すべきその他の公役についても、負担しなかったらしい。それが文明十四年十二月に幕府から問題にされ、きちんと負担するようにとの命令が出されてきた。

しかし経久はこれに応じなかったらしく、そのため同十六年三月、幕府から経久退治の命令が出雲などの国人らに出されることになった。そこでは経久の罪状として、寺社・本所領の押領、御所修理段銭の未納があげられている。経久が、京都の寺社・公家所領を押領し、幕府への上納分を未納していたことがわかる。

また文明八年頃から、主家の京極政経は出雲に在国するようになっており、経久の行為が問題にされた時期にも、政経の在国は続いていた。幕府にそれらの問題を訴えたのは、その処置を政経に命じると記されているから、政経であったと考えられる。

そうすると経久の行為は、主家の政経を蔑《ないがし》ろにして行われていたものであろう。そのため政経は、幕府に訴え、その権威のもとで経久を屈服させ、出雲支配の主導権を確保しようとしたのであろう。

ここでの政経と経久の対立は、在国する主家とその代行にあたる重臣の、いずれが分国支配を主導するかという対立にあたる。

それまでの室町時代における武家の政治体制では、当主と家宰は一心同体の関係にあっ

図3-3 尼子氏略系図

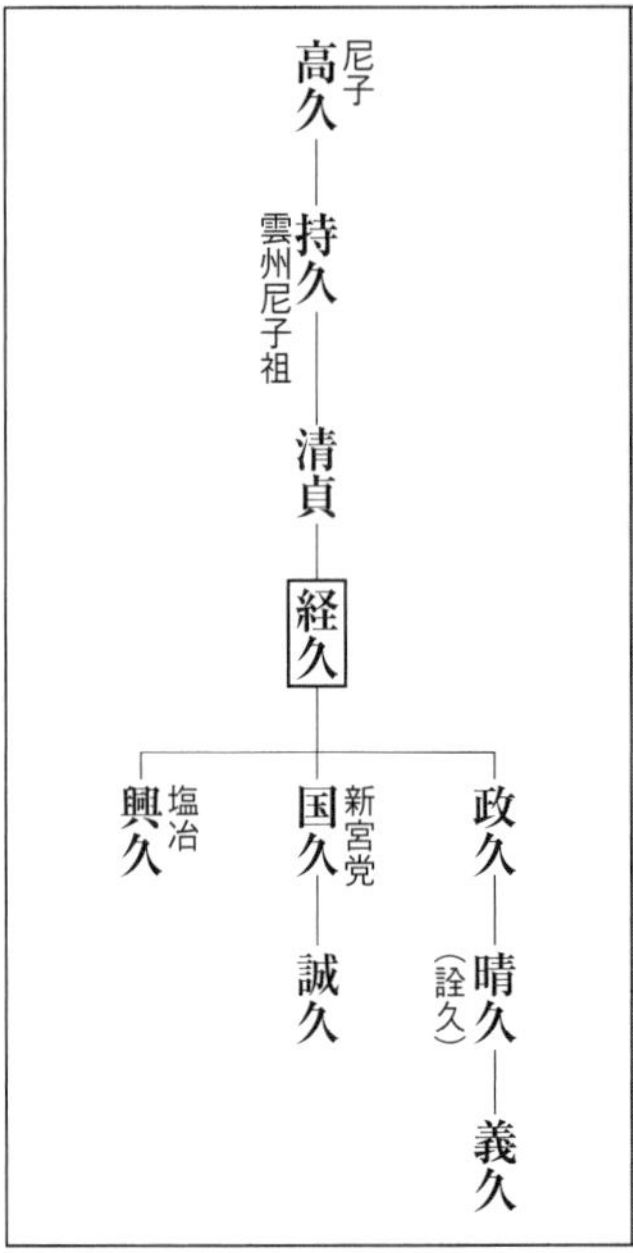

て共同統治が行われていた。この出雲の場合では、経久の父清貞は、独力で出雲の確保にあたっていたが、清貞から経久に家督が交替された頃から、主家の政経が出雲に在国するようになった。経久は京極家の家宰ではなく、出雲国守護代にすぎなかったが、政経が在国していることにより、出雲に関しては、当主と家宰のような関係にあったとみなされる。そこで主導権をめぐる対立が生じたのであった。

応仁・文明の乱以降、戦乱が恒常化することで、各地の守護家・有力国人家でも、同様の対立がみられるようになっている。第一章で取り上げた山内上杉家と長尾景春の対立も、その延長に位置したものであったし、山内上杉家に並ぶ勢力にあった扇谷上杉家においては、文明十八年に当主上杉定正が家宰太田道灌を謀殺する事件が起きるが、これも同様の理由からであった。戦乱の恒常化のなか、**当主と家宰のいずれが分国と家中**（家臣団）**の維持を担えるか、その器量をめぐる抗争**であったといえる。
以下の各章で取り上げる事例のほとんども、本質的には同じ事情から生じている。

出雲の有力国衆を服属

この時の経久は、幕府による退治命令が出され、それに基づいた主家の京極政経やそれに応じた京極家家臣、出雲の国人らの攻撃をうけ、文明十六年十一月に、月山富田城からの没落を余儀なくされた。没落後の動向は明確になっていないが、母の実家を頼って、出雲東南部の地に逼塞《ひっそく》したとみられている。

経久は復権を画策していたらしく、同十八年正月に、月山富田城への復帰を果たしたとみなされる。経久はこの時、二十九歳であった。ちなみに江戸時代に作成された所伝では、月山の麓に住む鉢屋（芸能者）集団の賀麻《かま》党の助力を得て、「鳥追いの御祝い」一座を装って月山富田城の奪取に成功したというが、もちろん事実かは確認されない。しかしそうした伝説が生み出されているところに、経久の復活劇が、世間の意表を衝いたことがうかがわれる。

月山富田城への復帰を遂げると、経久は出雲の領国化に乗り出した。復帰直後の二月初

図3-4 佐々木（京極）氏略系図

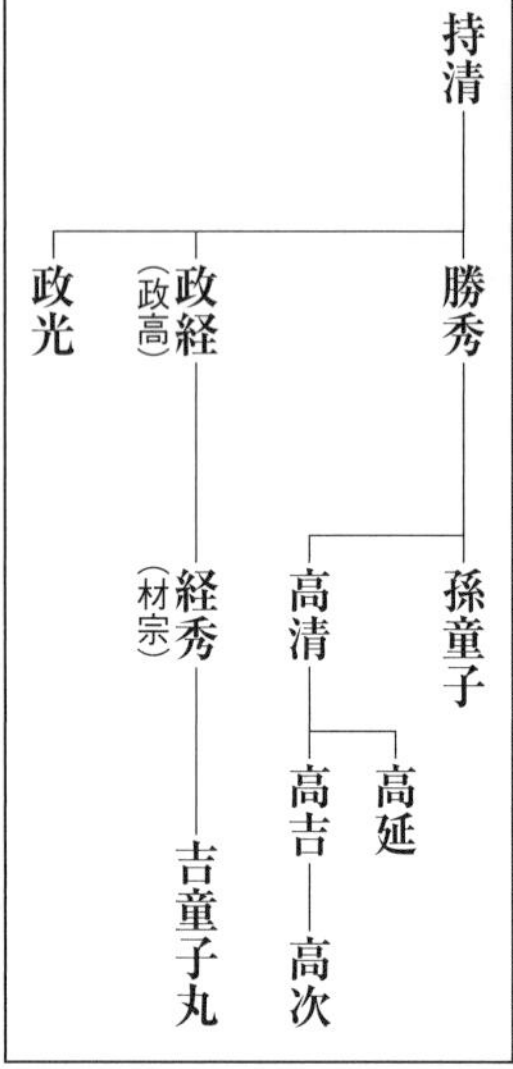

めに、復帰の際に参陣してきた出雲国人に、所領を与えている。経久は、味方になった同僚や国人たちに、所領を与えて主従関係を形成していったことがわかる。そして同年七月、主家の京極政経が出雲から退去した。これは政経の事実上の敗北とみなしてよかろう。具体的な経緯は明らかではないが、ここに経久は、主家からの事実上の自立を果たし、実力によって出雲の領国化をすすめて、戦国大名化を遂げていくことになる。

経久の領国化は、出雲の有力国衆を服属させていくかたちですすめられた。とはいえその詳細な動向は、関係史料の不足からいまだに明らかになっていない。おおまかな状況を述べると、出雲東部の富田庄を拠点にした経久に対し、出雲西部には、北部に佐々木氏庶流家で幕府奉公衆家の塩冶《えんや》家、中部に国人三刀屋《みとや》家、南東部に三沢家、南西部に赤穴《あかな》家が代表的な勢力として存在し、戦乱の恒常化を通じて、それぞれは自立化して国衆と化していたと考えられる。

最初にすすめたのは三沢家の服属とみなされ、長享二年（一四八八）三月にはそれとの合戦が確認されている。もっとも三沢家については、その後も永正十一年（一五一四）と享禄四年（一五三一）にも同家への攻撃が知られているので、服属と離叛を繰り返す状態にあったようだ。

三刀屋家については、明応九年（一五〇〇）に新たな所領を与えていることが確認され、それ以前に服属させたことがわかる。次いで赤穴家についても、所領安堵のうえ新たな所領を与えている。こうして有力国衆たちを服属させ、新たな所領を与えて家臣化をすすめていったと考えられる。

出雲国主としての確立へ

そして経久の出雲における覇権確立の転機になったのが、永正五年（一五〇八）とみなされる。

まず同年六月、将軍足利義稙から上洛を命じられたが、それは主君の京極政経（当時は法名宗済）と同様の扱いをうけてのものであった。経久は幕府から、政経の家臣ではなく、それと同等の扱いをうけるようになっていたことがわかる。

次いで同年九月、経久は杵築《きづき》大社の造営を計画した。同社は国内最大の宗教権門であり、その保護は出雲国主の役割として、出雲支配を象徴するものであった。

そして同年十月、京極政経からその嫡孫吉童子丸の将来を託された。かつて出雲から上京した京極政経は、その後は近江の勢力をめぐって、甥高清と抗争を展開していた。高清は応仁・文明の乱では、西軍に属して東軍方の政経と対抗する関係にあった。

しかし明応八年(一四九九)に、高清方に近江を追われ、その後は経久を頼って出雲に下向してきたらしい。近江では政経の嫡男材宗《きむね》が高清と抗争していたが、それも永正四年に敗北、自害したことで、近江における京極家勢力は高清に統一された。

政経は、それをうけて、同五年十月に経久と出雲多賀氏の多賀伊豆守に宛てて、材宗の子吉童子丸の将来を託した。そして十二月に死去した。吉童子丸のその後の動向は不明だが、経久から何らかの保護はうけたであろう。いずれにしろ、ここに経久にとって主家であった京極家は断絶するものとなった。

これにより経久は主家に何らの気遣いなく、出雲の統治者として存在するようになった。続いて翌同六年十月には、杵築大社に並ぶ宗教権門であった鰐淵《がくえん》寺にも掟書を交付した。

これらの事柄は、経久が、事実上の出雲国主としての立場を確立したことを象徴する。さらに同十五年までには、奉公衆家塩冶家に三男興久を養子に入れ、同家への統制も実現した。こうして経久は出雲一国の領国化を遂げるのであった。

大規模な叛乱をうけながら

経久は、そうした状況を踏まえて、永正九年頃から、隣接する伯耆《ほうき》・石見《いわみ》・備中・備後の紛争に介入し、それらの地域への進出をすすめるようになっている。それは西国最大の戦国大名となっていた周防《すおう》大内家との抗争へと展開していった。そうした情勢のなかで、享禄三年（一五三〇）に経久の三男塩冶興久の叛乱が生じている。経久がうけた叛乱としては、最大のものであった。

塩冶家は、出雲西北部に大きな勢力を有し、幕府奉公衆家という家格にあり、尼子家からも自立的な存在であった。そのために実子の興久に養子継承させたのであったが、その興久が、養家の論理に取り込まれたかたちで、叛乱におよんだ。しかもそれには、杵築大社・鰐淵寺・出雲多賀家・三沢家、そして備後山内家などが加担しており、これは経久の領国支配を崩壊させかねない、深刻な危機となった。

叛乱は長期にわたったが、大内家に支援を要請したこと、大内家配下の安芸《あき》毛利元就の支援を得るなどにより、戦況を優勢にすすめ、興久を備後山内家のもとに追いやった。そして天文二年（一五三三）には、備後山内家攻めを展開し、帰陣が近いことが観測されているので、その頃には反対勢力の制圧に成功しつつあったとみなされている。

江戸時代作成の軍記物語では、翌同三年に興久をようやく自害に追い込んで、叛乱の鎮圧を遂げたとされている。実際にもその頃のことであろうとみられている。またその間の天文元年には、隠岐国で叛乱があったが、これについても鎮圧を遂げている。

こうして経久は、相次いだ国内の叛乱の鎮圧を遂げて、再び領国支配を確立した。この後の経久は、美作《みまさか》・播磨・備後・安芸の周辺地域に対して、積極的な侵攻を展開していくが、それは国内の叛乱鎮圧を遂げたことで、可能となったことであった。

経久は、文明十八年に月山富田城に復帰してからわずか数年で、事実上、出雲の大半の領国化を遂げたが、国内には自立的な宗教権門や奉公衆家・国人出身の国衆が依然として大きな勢力を有していた。それから二十年後の永正五年頃には、名目的にも出雲国主としての政治的地位を確立するようにはなっていたが、それからさらに二十年後の享禄三年に、それらによる大規模な叛乱をうけている。国内の有力勢力の存在と、その関係の在り方が、戦国大名化の動向とその持続を大きく左右したことがわかる。

そして経久は、興久の叛乱を鎮圧して数年後の天文六年に家督を嫡孫の詮久（のち晴久、嫡男政久の子、政久はすでに死去）に譲り、同十年十一月十三日に八十四歳の長寿で死去した。

一代で中国地方に一大勢力を築き、「十一州の太守」と評された経久は、類い希な英傑であったといってよかろう。

戦国大名化に成功した理由

本章で取り上げた朝倉孝景と尼子経久の事例は、彼らが所属した守護家の枠組みのなかから出発し、主人の影響力を排除して、自ら領国支配を展開し、戦国大名として成立を遂げたものになる。

前章の伊勢宗瑞の事例は、他国からの経略によって戦国大名化したものだが、そうした事例はほとんどない。むしろ朝倉孝景・尼子経久のように、前代の守護家に取って代わって戦国大名が成立する場合は、このように守護家の枠組みのなかから出発するのが基本的な在り方であった。

しかしそれは順調に進んだわけではなかった。繰り返される主家からの巻き返し、かつての同僚であった守護家重臣や、将軍家に直属する国内の有力領主の抵抗があった。それらの反発を克服することで、初めて戦国大名として確立を遂げることができた。

その前提をなしたのは、実力による領国支配の確立であり、戦争による反対勢力の制圧であった。領国支配の確立には、国内の領主たちの存立の保障をともない、それらの領主を家臣団に編成することで、反対勢力を凌駕することができた。逆にいえば、それができなければ、戦国大名として成立できなかった。

戦国大名は、領国に暮らす領民と、家臣の存立を保障することで成り立つ政治権力であった。そのためには、それを維持するための領国統治、対外的にそれを維持するための外交政策と戦争での勝利が必要であった。

朝倉孝景にしても尼子経久にしても、すでに戦乱の時代に入っていて、対外勢力からその軍事力を期待され、それにともなって実力での領国支配が対外的にも承認されることで、主家や同僚らの反発を克服することができ、戦国大名としての地位を確立したのである。

第四章　長尾為景・景虎（上杉謙信）の幸運

――頓挫もした親子二代での下剋上には、幸運が重なっていた

上杉謙信

親子二代での下剋上

東国の戦国大名のなかで、下剋上によって主君に取って代わるかたちで戦国大名になった代表的な事例が、越後上杉家の家宰出身の長尾為景《ためかげ》と、その子景虎《かげとら》（のちの上杉謙信）である。

もっとも越後上杉家では、上杉房定が宝徳二年（一四五〇）から越後国に在国するようになり、享徳の乱により関東に進軍するものの、文明三年（一四七一）からは恒常的に越後に在国し、「文明越後検地帳」を作成するなど、越後の領国化をすすめている。したがって越後上杉家は、房定の時に戦国大名化を遂げていたと考えてよい。

長尾為景は、越後上杉家の家宰で越後国守護代であったが、永正四年（一五〇七）に主君の上杉房能《ふさよし》（房定の三男）との抗争を展開し、これを敗死させた。そして新たな主君として、房能の従兄弟の上条《じょうじょう》上杉定実《さだざね》を擁立した。これが為景の下剋上の開始になる。

ここまでであれば、為景の行為は、主家の越後上杉家における主導権確保のための行動とみなされる。

ところがその後、為景は永正十年から主君の上杉定実と対立し、抗争を展開する。為景はそれに勝利し、主君の定実を傀儡化し、実質的な越後国主の地位を確立する。大永七年

（一五二七）には幕府からも、白傘袋・毛氈鞍覆の使用を免許され、守護家相当の地位を認められて、名目的にも越後国主として存在するようになる。ところが享禄三年（一五三〇）、天文二年（一五三三）と、相次いで守護上杉家一族の上条上杉定憲による叛乱が生じた。

　為景は、天文六年に何とか叛乱を平定したが、それは主君の定実を確保していたことが大きかったようである。そのため定実の発言力が強まるものとなった。また定実の養嗣子《ようしし》を出羽米沢伊達家から迎えることにともなって内乱が生じ、それを収めることに失敗したことで、為景の求心力は著しく低下したらしい。

　そのためか、同九年八月に、嫡男晴景に家督を譲って隠退した。晴景は、定実のもとで引き続いて領国支配をすすめたが、定実の発言力は強まり、同十三年になると、実質的にも主君として返り咲きはじめた。

　しかし越後における内乱は終息をみることなく、そうしたなかで同十七年には、晴景と弟の景虎の政治対立が生じた。主君の定実の仲介によって、晴景の隠居、景虎の家督相続というかたちで決着した。そうして景虎は、長尾家本拠の春日山《かすがやま》城（新潟県上越市）に入城し、家督を継承した。

　とはいえ景虎の立場は、兄晴景の場合と同じく、越後上杉家の家宰で守護代というものであった。ところが同十九年に、主君の上杉定実が死去した。定実には後継者がいなかったため、越後上杉家はここに断絶した。

そしてその直後に、景虎は幕府から、白傘袋・毛氈鞍覆の使用を免許され、かつての父為景の場合と同じく、事実上の越後国主の地位を確立した。さらに翌同二十年には、抗争を続けていた上田長尾家との和睦を成立させ、それを従属させることで、越後一国の領国化を遂げるのであった。

このように長尾家の下剋上は、最終的には**為景・景虎の親子二代にわたって遂げられた**。為景の行動は、典型的な下剋上であり、一旦は越後国主の地位の確立に成功した。しかし主君とその一族から執拗な抵抗をうけた。それを克服したものの、主家の発言力が強まったことで、主家との関係は微妙な状況になった。

それを克服したのが景虎だが、それは、**直後に主家に後継者がなく断絶した、という二つの幸運の賜**であった。景虎は兄晴景とは政治対立にいたったが、主君の定実と対立することなく、その断絶によって、越後国主の地位を確立できたのであった。

ただし依然として国内には、越後上杉家の一族、有力な守護家の旧家臣、有力な長尾氏一族、有力な国人たちが割拠していた。景虎には、それらを新たなかたちで家臣団に編成し、あらためて景虎を頂点とした戦国大名権力を確立させるという課題が残っていた。

ここにも主君に取って代わる下剋上の困難さをみることができる。以下では、それらの状況について、詳しくみていくことにしよう。

上杉定実の擁立

長尾為景は、文明十八年（一四八六）の生まれで、越後国守護上杉家の家宰で守護代の府中長尾能景《よしかげ》の嫡男であった。永正三年（一五〇六）に父能景の死去により、為景はその家督を継承し、同時に越後上杉家の家宰と守護代も継承した。わずか二十一歳であった。

当時の越後上杉家の当主は房能で、三十三歳であった。その実兄に関東管領で山内上杉家の当主・顕定がいた。為景は家督を継ぐと、すぐに房能と対立したらしい。それまでにも、父能景と房能の間で、越後上杉家の家政の主導権をめぐって対立がみられていたから、それがたちまち表面化したのであろう。

房能にとって、為景は一回りも下の年齢であったから、侮ったのか、房能は翌同四年春頃に、為景追討を企てたらしい。

房能と為景の合戦が行われ、為景が勝利した。敗れた房能は敗走し、八月七日に自害に追い込まれ、同行していた八条上杉房孝・竜松丸父子、山本寺《さんぽんじ》上杉氏らは討死した。ちなみに房能には子がいなかったため、八条上杉房孝の子竜松丸を養嗣子に迎えていたが、その竜松丸も実父房孝とともに討ち取られたのである。

能景・為景と房能との対立の背景には、この養子問題もあったかもしれない。養子竜松丸の実父房孝の発言力は強まっていたであろうから、そうしたところから家政をめぐる主導権争いが深刻化していたのであろう。

為景は、房能との合戦にあたっては、房能の従弟にあたる定実（兵庫頭）を、房能に代わる越後上杉家当主に擁立した。定実は、房能の父房定の弟上条上杉房実（淡路守家）の子にあたるが、上条上杉家の歴代官途である兵庫頭を称していることからすると、伯父で父房実の兄にあたる定顕の家督を継承していた可能性がある。

ただし「掃部頭《かもんのかみ》定俊」の子とする所伝もあり、その場合には、房実の弟に定俊があり、その子の定実は上条上杉家嫡流を継承したということになる。この時期の上条上杉家の一族関係は、謎が多く、まだ確かなことは解明されていない状況にある。

房能の敗死は、為景による明白な主殺しであった。これをうけて、越後北部の国衆で両派に分かれた抗争が生じたが、為景はすぐに制圧し、ひとまず国内をまとめあげる。そのうえで同五年十一月に、将軍足利義稙（当時は義尹）から定実について、越後国守護と越後上杉家家督の承認をうけた。こうして定実と為景の地位は、幕府からも承認を得た。

ここまでの為景の行為は、主君の房能・竜松丸を討滅したものの、それに代わる新たな当主として定実を擁立しているから、当主を交替させることで、越後上杉家の家政におけ

図4-1 長尾為景関係系図

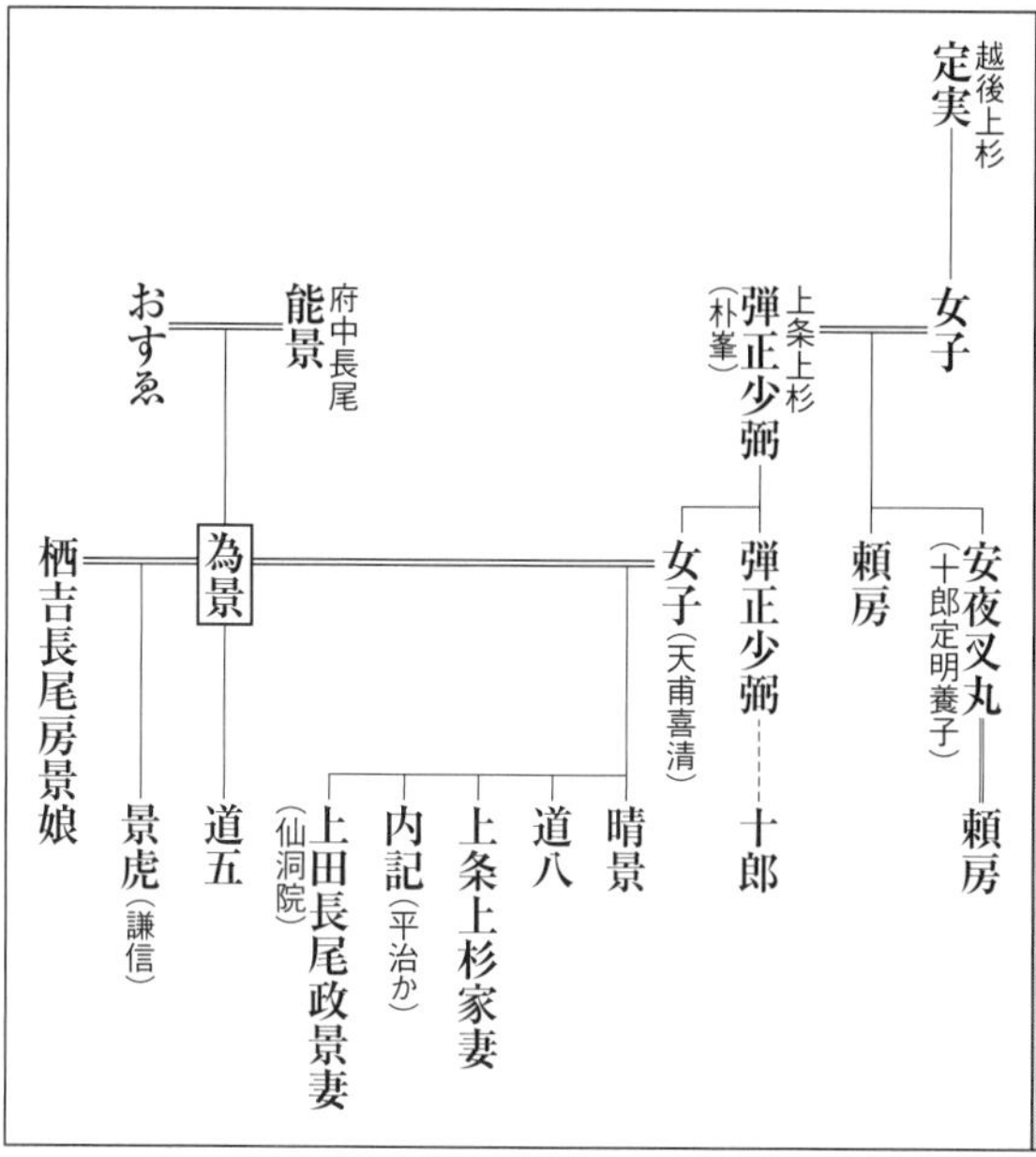

る主導権を確保するためのものであった。

最初の大きな危機

これに対して同六年七月、房能の実兄にあたる山内上杉顕定（当時は法名可諄）が定実・為景討伐のため、越後に侵攻してきた。顕定は山内上杉家一族の憲房（顕定前代の房顕の弟周晟《しゅうせい》の長男）を同行させており、それに越後上杉家の家督を継がせようとしていた可能性が高い。

さらに顕定には、上条上杉家一族の定憲（弥五郎）と憲明（十郎）も味方していた。いずれも出自は確定していないが、定憲は顕定の実子の所伝があり、憲明は憲房の実弟の所伝がある。上条上杉家の嫡流は十郎・兵庫頭を称したので、ここからすると憲明は、それ以前に同家の家督であった定実に代わる存在に位置付けられたと推測される。

定憲は仮名弥五郎を称しているから、上条上杉家において庶家の位置付けにあったとみなされる。顕定の実子であったかは確定されないものの、定顕の後身、もしくはその弟の可能性がある播磨守の孫くらいに位置した存在とみなされる。

上杉顕定の侵攻に、定実・為景は一時苦戦を強いられ、越中まで後退したものの、同七年四月に反撃を開始して越後に復帰し、上杉憲房の軍勢に勝利した。顕定は越後府中（新潟県上越市）を制圧していたものの、これをうけて関東に向けて後退した。

しかし六月二十日、為景らの軍勢は、その途次の上田庄長森原（新潟県南魚沼市）で顕定を襲撃し、これを討ち取った。そして山内上杉軍をすべて上野に退陣させるのであった。これによって為景は、最初の大きな危機を乗り切った。

為景の下剋上

為景は越後上杉家を実質的に主導するようになったが、国内での反対勢力による叛乱は止まなかった。また信濃北部の国衆との抗争も継続していた。越後上杉家は、房定の代以来、越中東部と信濃北部にも勢力をおよぼすようになっており、領国に編成していたと理解される。

図4-2 長尾為景関係図

そうしたなか永正十年（一五一三）十月十三日に、上杉定実は出陣中の為景の隙を衝いて、その本拠春日山城を占拠した。定実による明確なクーデターであった。定実のこの行動は、越後上杉家の家政における主導権確保を図り、為景を排除しようとしたものであろう。定実には、八条左衛門佐・上条上杉定憲といった上杉家一族や、宇佐美・石川・飯沼氏といった守護家重臣が加担していた。

為景はすぐに府中に帰陣し、春日山城に迫った。二十二日に定実は諦めて同城から退去し、為景に身柄を委ねる。為景は引き続いて定実方の攻略をすすめ、同十一年五月にはそれを平定した。

これによって房能との抗争から続いていた越後における内乱は、一応の終息をみた。為景は、定実を当主として認めつつも、家政の実権は完全に為景が掌握するものとなった。これは**主君を傀儡化して、戦国大名化していく事例として、典型的**といえるであろう。越後上杉家一族やその家臣らも、為景の軍事指揮や領国統治に従うかたちがとられた。

ただそこで注意されるのは、永正十六年に、為景の上位に位置したとみなされる、「松上院上杉殿」と称された上杉房安の存在である。房安は為景よりも一歳年長であった。その出自は判明しないが、越後上杉家の出身であれば、房能の年少の従弟もしくは従兄弟の子にあたる可能性が高く、定実の弟か、播磨守の子か孫くらいにあたるかもしれない。

為景は、この房安を上位に位置付けていたとみなされることをみると、定実に代えて、越後上杉家の当主に迎えていたのかもしれない。ただし房安の動向は、その後はみられていない。

そのうえで為景は、同十六年から越中に、大永四年（一五二四）からは信濃北部に、それぞれ進軍し、従属下にあった国衆の支援を行っている。とりわけ越中については、永正十七年に、新川郡について、畿内在所の越中国守護畠山卜山《ぼくざん》（実名は尚順《ひさのぶ》）から守護代に任じられている。

これは為景による領国化が、越中国守護から承認されたことを意味する。為景は、越後では越後上杉家の家宰・守護代という立場にある一方で、越中新川郡では守護畠山家の守護代であるという立場をもつものとなった。もっとも、これを二重の主従関係ととる必要はなく、領国支配を守護代という名目で政治的に表現したものと理解される。為景の領国支配は、上杉定実・畠山卜山から与えられたものではなく、**実力によって構築している性格にあった**と理解される。

大永七年（一五二七）に、京都では足利義晴・細川高国が近江に退去すると、為景はそれへの支援を約束する。その見返りとして、為景は義晴から、白傘袋・毛氈鞍覆の使用を許可されるという栄典を与えられた。これは守護家相当に認められるものであったから、これによって為景は、守護家と同等の政治的地位、すなわち越後国主の地位を幕府から公認されたことになる。

同時に、嫡男に義晴から偏諱が与えられ、晴景を名乗るものとなる。将軍からの偏諱も、直臣に与えられるものであり、地方の武家に関してはやはり守護家クラスに与えられるものであった。こうして長尾家は、名実ともに将軍家の直臣となり、守護家相当の国主の家格を獲得することになった。

ここに為景は、名実ともに戦国大名としての政治的地位を確立したといえる。名目的には、主君の上杉定実が守護家として存在していたものの、それは全くの傀儡にすぎず、越後を中心に展開された領国の支配は、為景が実力によって担うものとなっていた。そのまま推移すれば、定実の立場は名目的な主家としてかろうじて存続するものとなったであろう。

国衆の事例であるが、上野新田領の横瀬・由良家の場合における岩松家や、戦国大名の事例としては、近江北部の浅井家の場合における京極家などがそれにあたる。しかし越後には、有力な守護家一族や守護家旧臣が存続しており、為景はいまだそれとの政治関係を確定するにはいたっていなかった。

再び内乱へ

享禄三年（一五三〇）十月に、越後上杉家で最有力の一族であった上条上杉定憲（兵部・播磨守）と守護家臣大熊政秀の叛乱が起きた。この時は、上杉家一族の山浦上杉家・山本寺上杉家（定種）をはじめ、越後北部・中部の国衆も、為景の軍事指揮に従っており、定憲の叛乱はすぐに抑え込まれたらしい。

しかし三年後の天文二年（一五三三）二月までのうちに、定憲は再び蜂起した。この時には、有力上杉家一族の山本寺上杉定種、有力長尾氏一族の上田長尾房長や越後北部の国衆が定憲に味方した。上杉家一族・長尾氏一族や国衆には、為景の従属下に位置することに不満が生じていたのであろう。

定憲の叛乱は大規模化・長期化し、為景はなかなかこれを鎮圧できないでいた。同四年六月には、定憲は蒲原津（新潟県新潟市）に進軍して、越後東部を押さえるようになった。そして同年末までに、陸奥会津芦名家・出羽米沢伊達家などの国外勢力からも援軍を獲得するまでになった。

同五年二月、為景は、朝廷から叛乱勢力に対する討伐を承認する命令書（「治罰の綸旨」）を獲得するものの、その効果も得られなかった。四月十日に定憲方は府中近くまで進軍してきたが、為景はその合戦に勝利した。しかもその直後の四月二十四日に、定憲は死去してしまった。

定憲の死去によっても叛乱勢力との抗争が終息したわけではなかったが、大将の消滅が与えた影響は大きかったに違いない。為景はその後は、上田長尾房長との抗争を続けるが、同六年にはその鎮圧に成功したとみなされている。これにより為景は、ようやくに上条上杉定憲方の叛乱を平定した。

なおこれまで、その間の同五年八月に為景は嫡男晴景に家督を譲って隠居した、とされることが多かったが、近年の研究によって、隠居は同九年八月であったことが判明している。また為景は、天文五年八月以降に出家し、法名「絞竹庵張恕《こうちくあんちょうじょ》」と称するようになっている。ただし同八年十月以降に、還俗して再び為景を名乗っている。出家には何らかの理由があったに違いないが、確かなことはわからない。

同七年十月になると、主君の定実は後継者が不在であったため、姻戚関係にあった出羽米沢伊達稙宗の子時宗丸（のち実元）を養嗣子に迎えることにする。定実の姉妹が、伊達稙宗の父尚宗の妻で、稙宗はその所生と推測されている。定実にとって時宗丸は、姉妹の孫という関係にあったらしい。

しかしこれが再び国内の内乱をもたらすものとなった。内乱は、同八年から越後北部の国衆の間で展開された。為景は、越後北部の国衆のうち中条藤資と連携して、伊達時宗丸の養嗣子迎え入れをすすめたとみられている。時宗丸の母は、その中条藤資の妹とも考えられているが、これに、中条家近隣の国衆の本庄家・色部家らが反発し、抗争が生じたのであった。嫡男晴景は色部家と通じていて、養嗣子迎え入れには反対の立場をとっていたとみられている。いわば為景と晴景の父子で意見を異にしていたらしい。

家督を晴景に譲る

中条家は伊達家に支援を要請し、伊達家の軍勢が越後に進軍、本庄家を敗走させる。そして色部家を除き、越後北部の国衆の多くは、伊達家に従うかたちになった。これに強く反発したのが、晴景であったようだ。

どのような経緯によるかは判明していないが、同九年八月三日に、為景は晴景に家督を譲って隠居し、晴景が府中長尾家の当主になり、同時に事実上の越後国主になった。為景の隠居の理由は明確ではないが、この直後に伊達時宗丸入嗣問題が頓挫することをみると、それをめぐり晴景と対立が生じ、それに敗北した可能性がある。晴景は家督相続をうけて、九月二十七日に朝廷から「治罰の綸旨」を獲得した。その九月には、色部家らが中条家を攻撃し、勝利した。これによって入嗣問題は頓挫することになった。

そして為景は、その後は全く政治活動をみせることはなく、その翌年の同十年十二月二十四日に五十六歳で死去した。永正三年（一五〇六）に府中長尾家の家督を継いだのが二十一歳、その翌年に越後上杉家の当主をすげ替えるクーデターを起こし、それに成功して越後上杉家での主導権を確保した。

そして同十年から主家の上杉定実との抗争を開始したのが二十八歳、翌年に定実を屈服させ、傀儡化し、事実上の越後国主となって領国支配を主宰し、戦国大名化を遂げた。大永七年（一五二七）には幕府からも国主の地位を承認され、名実ともに越後国主の地位を確立した。四十二歳であった。

しかし享禄三年（一五三〇）から、越後上杉家一族の上条上杉定憲らによる叛乱をうけ、それ以後、国内では戦乱状態が続くことになる。定憲方との抗争は、天文六年（一五三七）になってようやくに勝利したものの、その要因には主君の定実を擁していたことがあり、それにより定実の政治的影響力が回復するような状態になった。

その直後の同七年から伊達時宗丸入嗣問題で、再び国内に戦乱を生じさせ、同九年八月に、その責任を負って家督を晴景に譲ることになった。すでに五十五歳になっていたから、身体的にも限界がきていたのかもしれない。

為景の立場は、すでに名実ともに越後国主の地位を確保し、戦国大名として確立をみせていた。ただその一方で、主家で越後国守護の上杉定実の政治的影響力も温存される状態になっていた。越後には、多くの上杉家一族や上杉家臣や自立的な国衆がいたが、それらの統制には守護家の権威がいまだ不可欠な状態にあったことがうかがわれる。長尾家の戦国大名権力を安定化させるためには、それによらない求心力の構築が必要であったといえる。

為景はそれを果たし得ず、定実との何とも微妙な関係を余儀なくされたまま、隠居、そして死去を迎えたといえるであろう。

晴景はいつ生まれたか

晴景の生年については確定されておらず、永正六年（一五〇九）説と大永七年（一五二七）説があるが、近年の研究により、晴景は為景の正妻（天甫喜清、天文十二年死去）の所生とみなされることから、永正六年説のほうが有力と考えられている。

為景の正妻は、越後上杉家一族の上条上杉弾正少弼《だんじょうしょうひつ》（法名朴峯）の娘と考えられ、永正十一年には結婚していたとみなされることによる。両者の間には、晴景・道八（娘）・上条上杉家妻・「内記」（もしくは平治）・仙洞院（長尾政景妻）がいたことが確認されていて、このうち生年が明確なのは仙洞院で、大永四年生まれとされる。晴景の誕生から仙洞院の誕生まで、十五年の開きがある。

ただし晴景は大永七年に元服しており、その時の年齢を一般的な元服年齢である十五歳とみると、その生年は永正十年（一五一三）となる。同六年説よりはこちらが妥当と考えられる。その場合、為景と天甫喜清の結婚は、その数年前のことになり、それは山内上杉顕定の越後侵攻を撃退した後にあたる。

そうすると晴景の誕生から仙洞院の誕生までの開きは十一年に縮まり、天甫喜清は二十歳くらいで為景と結婚したことが推測される。為景の岳父の上条上杉弾正少弼の出自は明確ではないが、その年に四十五歳くらいと仮定すると、文明元年（一四六九）頃の生まれとなり、房能（文明六年生まれ）や定実と同世代の人物と推定される。朴峯は天文四年の死去なので、享年は六十七くらいとみなされる。

そうであれば朴峯は、房能・定実の従兄弟の可能性が想定される。上条上杉家嫡流の定顕の子か、房実の子か、播磨守の子か、掃部頭定俊の子か、といったところが想定されるが確定はできない。また朴峯はその後に定実の娘を妻に迎えたようで、その間に生まれた安夜叉丸・頼房（惣五郎、天文二十二年死去）が上条上杉家嫡流家を相次いで継承している。

安夜叉丸は、房実の子定明（十郎、天文三年死去）の家督を継承しているから、その定明は、死去まで仮名のままであることからすると、定実の弟でかつかなりの年少であった可能性が高い。上条上杉家嫡流家を継承していた定実が、越後上杉家を継承したため、代わりに家督を継いだ存在とみることができるかもしれない。

下剋上の頓挫

晴景の生年を永正十年頃とみることができれば、為景が二十八歳の時の子で、為景から家督を継承した時には二十七歳くらいであった。その直後になる天文十一年四月、定実（当時は法名玄清）は入嗣問題の推進を求めて、晴景に遁世を表明する。

これをうけて晴景は、入嗣問題の解決に乗り出し、六月にはその準備が具体的にすすめられ、時宗丸は元服し、定実から偏諱を与えられて実元を名乗った。そして二十三日に、越後入りすることになった。

ところがその直前の二十日、実元の上杉家入嗣に反対する伊達稙宗の嫡男晴宗が、稙宗を幽閉し、以後は両勢力による内乱が展開した（伊達天文の乱）。これは越後北部にも影響をおよぼし、同地域では再び内乱が生じるとともに、同十二年には越後中部でも内乱が生じた。

越後中部での内乱を平定したのは、この年に中部の栃尾《とちお》城（新潟県長岡市）に入部した晴景弟の景虎であった。景虎は享禄三年（一五三〇）生まれであったから、この時、十四歳であった。景虎は庶出で、母は栖吉長尾房景（もしくは顕吉）娘と伝えられている。景虎より上には、少なくとも晴景・「内記」の二人の兄がいたから、為景の三男以下にあたった。

そのためか、七歳の時の天文五年に菩提寺林泉寺に入寺させられたが、同十年の為景の死去にともなって、還俗した。おそらく晴景の弟として唯一の存在になっていたため、晴景は領国支配の一部を景虎に分担させようとしたのであろう。そうして天文十二年に、元服して平三景虎を名乗り、栃尾城に入部し、古志郡とその周辺地域支配を担った。

ところが同十三年十月、その内乱平定に功績のあった越後北部の国衆に所領が与えられた際、それは定実の文書によって行われ、晴景はそれに副状を出すというかたちがとられた。これは領国統治の主宰者に定実が返り咲き、晴景はそれ以前における家宰・守護代の立場に後退したことを意味した。

　ここに府中長尾家による下剋上は事実上、頓挫したといって過言でない。

晴景から景虎へ

　その後しばらくの状況は明らかでないが、天文十七年（一五四八）十月になって、晴景の重臣黒田秀忠の謀叛があり、景虎はその討伐のため府中に進軍した。景虎はそれを成敗しようとしたが、定実の処置によって、助命された。これは晴景と景虎との間での抗争の展開にともなうものと考えられている。理由は判明しないが、抗争があったことは確かであった。

　そしてこれについては、定実の裁量によって、同年十二月晦日に景虎は春日山城に入城し、晴景と景虎の抗争は停止された。それにより晴景は隠居し、代わって景虎が府中長尾家当主になった。景虎はわずか十九歳であった。

　こうして景虎が長尾家当主になったが、それは定実の裁量によるものであった。したがって景虎の治世の当初は、晴景の時と同じく、定実を主君として推戴するかたちがとられた。同十八年十一月に、景虎は国人出身の平子家に所領を与えているが、その際に定実の文書が出されることを伝えている。越後における知行関係において、最終的な権利付与者が定実になっていたことがわかる。

その後に景虎は、近江に逃れていた将軍足利義藤（のち義輝）に家督相続の報告を行ったとみなされる。それに対して同十九年二月二十八日、義藤から白傘袋・毛氈鞍覆の使用を免許される栄典を与えられた。これはかつて父為景にも与えられていたものであり、守護家相当の家格を認めるものであったから、景虎は長尾家当主であることをもって、越後国主の地位を幕府からあらためて承認されたことになる。

とはいえ越後には、名目的な主君として定実が厳然と存在していたが、定実はその二日前の二月二十六日に、後継者のないまま死去した。これによって越後上杉家は断絶し、景虎は名実ともに越後国主の地位を確立するのである。さらに同二十年二月十日に、隠居していた兄晴景が死去した。三十九歳くらいとみなされる。これによって府中長尾家における正嫡の地位も確立した。ちなみに、景虎は晴景の娘を妻に迎えたという所伝がある。その可能性は高いとみなされる。

その頃から上田長尾政景（姉仙洞院の夫、房長の子）との抗争が展開されたが、同年七月頃には従属させたとみられている。これにより景虎は、越後の平定を遂げた。そして同二十一年五月に、足利義藤から弾正少弼の官途に任じられ、国主に相応しい装いをまとった。

さらにちょうどその時期、小田原北条家の侵攻をうけて、上野から没落してきた山内上杉憲政（当時は法名成悦）を越後に迎え入れ、関東への進軍要請をうけていた。景虎はそれに応え、七月に軍勢を関東に派遣し、十月には景虎自身も関東に出陣した。これは景虎にとって、国外侵攻の開始ともなった。

景虎の思わぬ幸い

こうして景虎は、戦国大名として確立をみせた。景虎にとって残された課題となったのは、越後に存在する上杉家一族との関係であった。しかしこれについても、永禄四年（一五六一）に景虎が山内上杉憲政の養子として家督を継承して、一躍に、関東・越後の上杉氏一族全体の惣領家の当主になったことで、克服しえた。

その時点で、越後上杉家で最有力の一族であった上条上杉家嫡流家では、頼房が天文二十二年に死去していて、その一族としても、庶家の定憲の後継者と思われる「上条入道（為景の娘婿か）」、同じく庶家の朴峯の家系（朴奉の子弾正少弼の子か）の継承者と思われる「越（古志）十郎」がいるのみであった。その家督もそれぞれ、景虎が養子とした能登畠山家出身の政繁、母方従弟の栖吉長尾景信に継承させている。

そのようにして以後は、他国の大名家・国衆家出身の養子や長尾氏一族に、その他の山浦・山本寺などの上杉家一族の名跡についても継承させるなどして、自身を頂点にした全く新たな政治秩序を構築するのであった。

景虎は府中長尾家の家督を継いだのち、主君の定実、兄晴景の相次ぐ死去をうけて、国内で自身の上位ないし匹敵する権威者は自然消滅した。さらには越後上杉家の有力一族についても、有力者はほとんどいなくなっていた。そのようななか、上杉氏一族全体の惣領家の家督を継承したことで、国内の政治勢力すべてに対する身分的優越を決定付けた。それらはどれも、景虎にとって思わぬ幸いであったといえる。

父為景・兄晴景は、主家の越後上杉家の当主定実、およびその有力一族の上条上杉定憲から、執拗に反発をうけていて、最後まで主家との身分関係に悩まされていた。景虎の府中長尾家の相続自体も、主人の上杉定実の計らいによるものであったから、景虎も定実の影響力を排除することは難しい状態であったと思われる。

しかしその上杉定実は、景虎の家督相続からわずか二年後に死去してしまった。しかもその後継者もいなかったため、主家の越後上杉家は断絶した。これにより景虎は、あっさりと越後国主の地位を確立することができた。もし越後上杉家が存続していたら、その後の景虎の状況はどうなったかわからなかった。

また景虎に対抗しようとする上杉家一族も存在していなかった。上杉家一族の筆頭に位置した上条上杉家の嫡流家も、それから二年後に死去してしまっていた。これももし、有力な上杉家一族が存続していたら、その後の状況はどうなったかはわからない。

景虎が府中長尾家の家督を相続した直後にみられたこれらの事態は、父為景・兄晴景のおかれた状況と比べると、格段の違いがあったといえる。景虎は相次ぐ幸運によってそれらをあっさりと克服することができた。

景虎は、戦国大名として確立するにあたって、実に幸運に恵まれた人物であったといえよう。下剋上が成功するかどうかには、こうした幸運も不可欠であったことがうかがわれよう。

第五章　斎藤利政（道三）の苛烈

——強引な手法で四段階の身上がりを経た、戦国最大の下剋上

斎藤道三

書き改められた下剋上の過程

戦国時代における下剋上のなかで、そしてその下剋上によって戦国大名化を遂げたものとして、最も代表的な存在といえるのが、美濃の戦国大名となった斎藤利政（法名道三）である。一般的にも斎藤利政は、戦国時代における下剋上の典型の一人として認識されている。あだ名として「美濃のマムシ」が知られているが、実際には大正時代の文学作品で用いられて普及したものであった。決して当時からのものではなく、さらには江戸時代からのものでもなかった。

利政の下剋上の過程についても、いまだ世間一般では、江戸時代の軍記物語や地誌に記された所伝が通用しているのが実情であろう。その内容はおおよそ、禁裏北面の武士松波基宗の子で、山城国西岡の出身で、法蓮坊という法華宗（日蓮宗）の僧侶となり、還俗して松波庄五郎と名乗って油商人になった。「乱舞音曲」（いわばダンスと演奏）の上手であったため、美濃に来て、美濃国守護代斎藤家の重臣の長井氏に重用され、長井家家臣西村家の名跡を継いで西村勘九郎となった。

さらに美濃の戦国大名土岐《とき》頼芸《よりのり》に重用されるようになり、主家の長井家を排除し、その名跡を継いで長井新九郎となり、美濃国守護代の斎藤氏が死去すると、その名跡を継いで斎藤新九郎となり、さらに主君の頼芸を追放して、美濃国主になった、というものになる。

しかし現在では、当時の史料に基づいた研究の進展によって、その内容は大きく書き改められている。

最大の違いは、他国から美濃に来て、長井家に仕えたのは、利政ではなく、その父の長井新左衛門尉（のち豊後守、実名は不明）であり、利政は父の家督を継いで、長井家一族の長井新九郎という立場を出発点としていた、ということである。これにより、利政の家系による下剋上は、親子二代にわたるものであったことが判明している。

江戸時代の所伝は、それを利政一代にまとめたものになる。驚くことにそのこと自体は、羽柴（豊臣）秀吉の死去直後（『大かうさまくんきのうち』）には成立していた。その段階で新左衛門尉の存在は忘れ去られて、それらの動向はすべて利政一代のことと認識されていたのであった。それが江戸時代になって、さらに脚色されていったのである。戦国時代の下剋上を示すものとして、いかにもうけがよかったからであろう。

長井家の一族から出発した利政が、長井家惣領の地位になり、土岐家の家宰で守護代の斎藤家に取って代わり、さらには美濃の戦国大名土岐家に取って代わって美濃国主となった、という流れは、おおまかには合っている。しかしその具体的な経緯については、やはり多くの点で違いがみられている。

以下、現在判明している事柄をもとに、利政の下剋上の過程についてみていこう。

利政（道三）の親の身上がり

利政の生年は、現在でも判明していない。江戸時代の所伝には諸説があるが、現在では永正元年（一五〇四）説が最も有力と考えられている。土岐家の家宰斎藤家の家宰長井家の一族の立場にあった長井新左衛門尉の嫡男である。

当時の史料で、父新左衛門尉の経歴で判明しているのは、京都妙覚寺の法華宗の僧侶であったが、還俗して西村名字を称し、長井秀弘（弥二郎）に仕え、長井名字を与えられその一族の立場になった、ということだけである。

そして羽柴（豊臣）秀吉の時期には、西岡の出身で松波名字を称していたと記されているが、おそらく事実であったろう。その活動が確認されるのは、大永六年（一五二六）からのことで、すでに長井新左衛門尉を称している。その時には、利政は二十三歳になっている。したがってすでに元服していて、新九郎規秀《のりひで》を称していたとみなされる。

美濃では前年に、土岐頼武とその弟頼芸の抗争が展開されていた。土岐家の家宰で守護代には斎藤利良（彦四郎）があり、その家宰長井家の当主は長井長弘（秀弘の子、越中守）であった。新左衛門尉は惣領の長弘とともに、主人の斎藤利良から離れ、土岐頼芸に味方し

図5-1 斎藤利政(道三)略系図

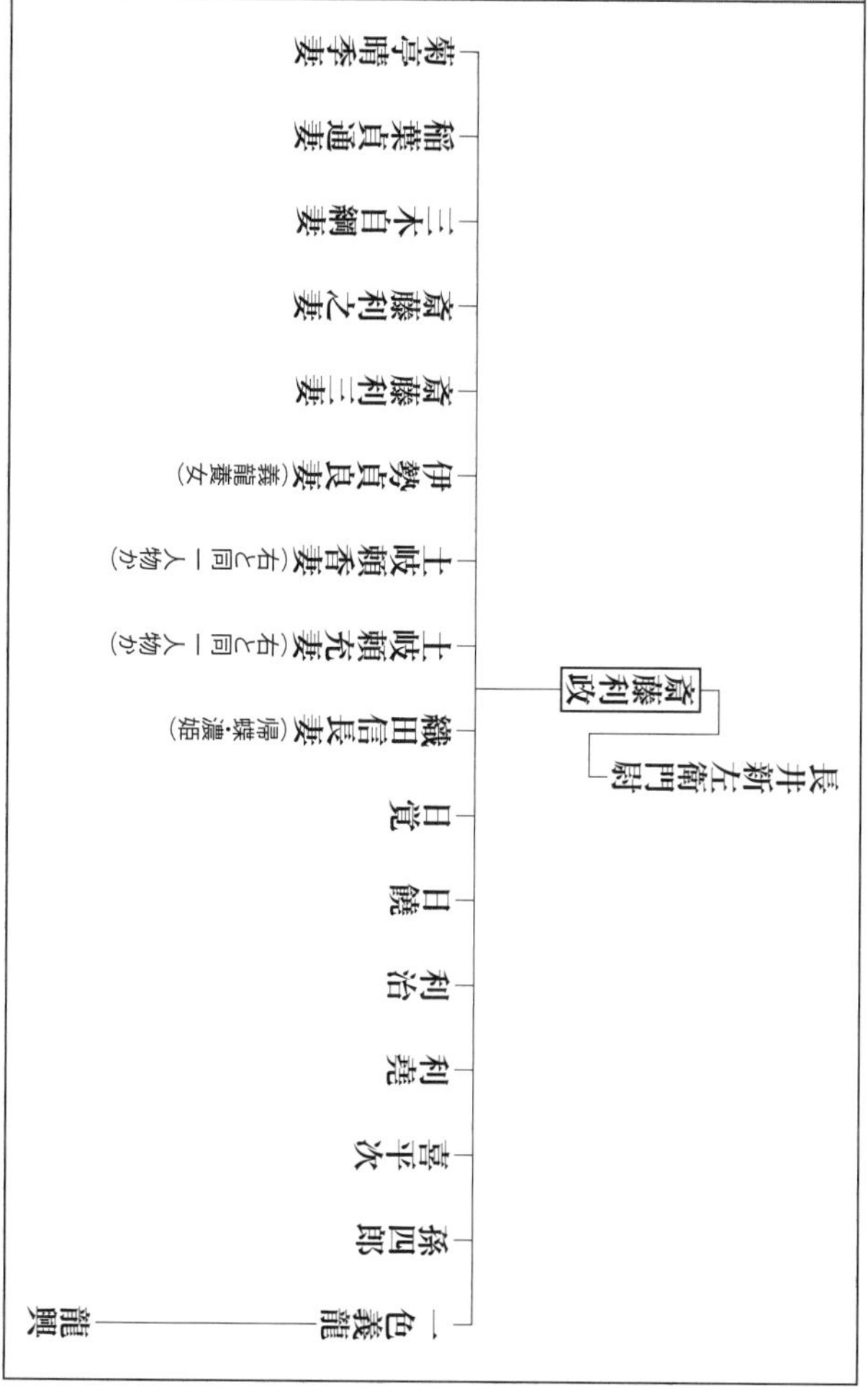

た。この時には長井家の一族というだけでなく、斎藤家の直臣の立場になっていたらしい。

抗争は頼芸が勝利し、斎藤利良は討死した。それにより土岐家の家督は頼芸がつき、その家宰には斎藤又四郎（利良の従弟）がついた。しかも新左衛門尉は、土岐家直臣の立場を認められ、惣領の長弘とほぼ対等の地位を認められたようで、その領国支配の一部を分担するようになっている。

新左衛門尉の歴史上での登場は、この土岐家の内乱にともなっていた。むしろこの内乱があったからこそ、登場できたといってよい。そして斎藤家の家宰長井家の一族という立場ではあったが、頼芸の家督継承への尽力による功績を認められてであろう、土岐家の直臣に取り立てられ、長井家惣領の長井長弘とほぼ対等の地位にのぼるものとなっていた。

この段階ですでに、新左衛門尉は、京都の僧侶から還俗し、長井家の家臣になり、その一族の立場になり、斎藤家の直臣になり、さらには土岐家の直臣になる、という具合に、四段階の身上がり（身分の上昇）を遂げている。

新左衛門尉の動向が確認されるのは、大永八年までであるが、その後に豊後守を称したことが確認されるし、およそ天文元年（一五三二）頃まで活動した可能性もある。そして同二年から、それに代わって利政が登場する。三十歳のことであった。その時には長井新九郎規秀を称している。この年、長井惣領家でも代替わりがあり、長弘の嫡男景弘（藤左衛門尉）が継いだ。また守護代斎藤家でも当主が交替していて、別系の利茂（帯刀左衛門尉）が就任し、景弘・規秀はそれを補佐する役割を果たしている。

　同三年になると、規秀が単独で活動するようになっており、これは規秀が景弘を滅亡させたことにともなうと理解されている。これにより規秀は、長井惣領家の地位を獲得するものとなった。

土岐家での台頭

　天文四年（一五三五）から、美濃では内乱が生じた。前土岐家当主の頼武の嫡男頼充が、美濃への復帰を図ったことにともなうものであろう。頼充は、父頼武が美濃から没落した後は、近江の戦国大名六角定頼の庇護をうけており、今回の行動は、その六角家と、母の実家の越前の戦国大名朝倉孝景（四代孝景）の支援を得てのことであった。

　規秀は頼芸方の中心人物として活動した。しかもその時には、斎藤名字を称して斎藤新九郎を名乗っている。これはおそらく、頼芸から斎藤名字を与えられて、斎藤家一族の立場に引き上げられたことを意味している。これを機に、実名を、斎藤氏の通字を冠して、利政に改名したとみなされる。さらに同時に、出家して法名道三を称している。

ここに利政は、頼芸・頼充の抗争にあって、頼芸方の中心人物の立場を担うようになり、それに見合うものとして、土岐家の家宰斎藤家の一族の地位を与えられたのであった。またその出家の理由については判明していない。何らかの政治的理由があったと考えられるものの、不明である。戦況の推移についても明確ではないが、同七年九月には、頼芸と頼充の和睦が成立したらしい。

その後、頼充は美濃に在国を続けるので、頼芸はその存在を容認せざるをえなかったことがわかる。その意味では、頼芸は妥協を余儀なくされたものであった。またこの時には、道三は還俗して実名利政を名乗るようになっている。

内乱の結果、土岐家嫡流の系譜を引く頼充の政治的復活がなされたものの、頼芸の領国支配は回復された。同八年には、利政は頼芸から左近大夫の官途を与えられ、斎藤家一族のなかでの序列も、惣領の利茂、有力一族の宗雄（法名、彦九郎）に次ぐ、第三位になっている。これは土岐家家臣のなかでの序列でもあった。こうして利政は、土岐家家臣のなかでも第三位の地位にまで昇ってきた。

天文十二年（一五四三）から同十三年にかけて、利政は大桑城（岐阜県山県《やまがた》市）の土岐頼充を攻め、尾張国に没落させた。頼芸・利政と頼充の間で、再び対立が生じ、抗争へと展開したのであろう。頼充は尾張斯波家と越前朝倉家から援軍を得て、同十三年九月に反撃し

図5-2　土岐氏・斎藤氏略系図

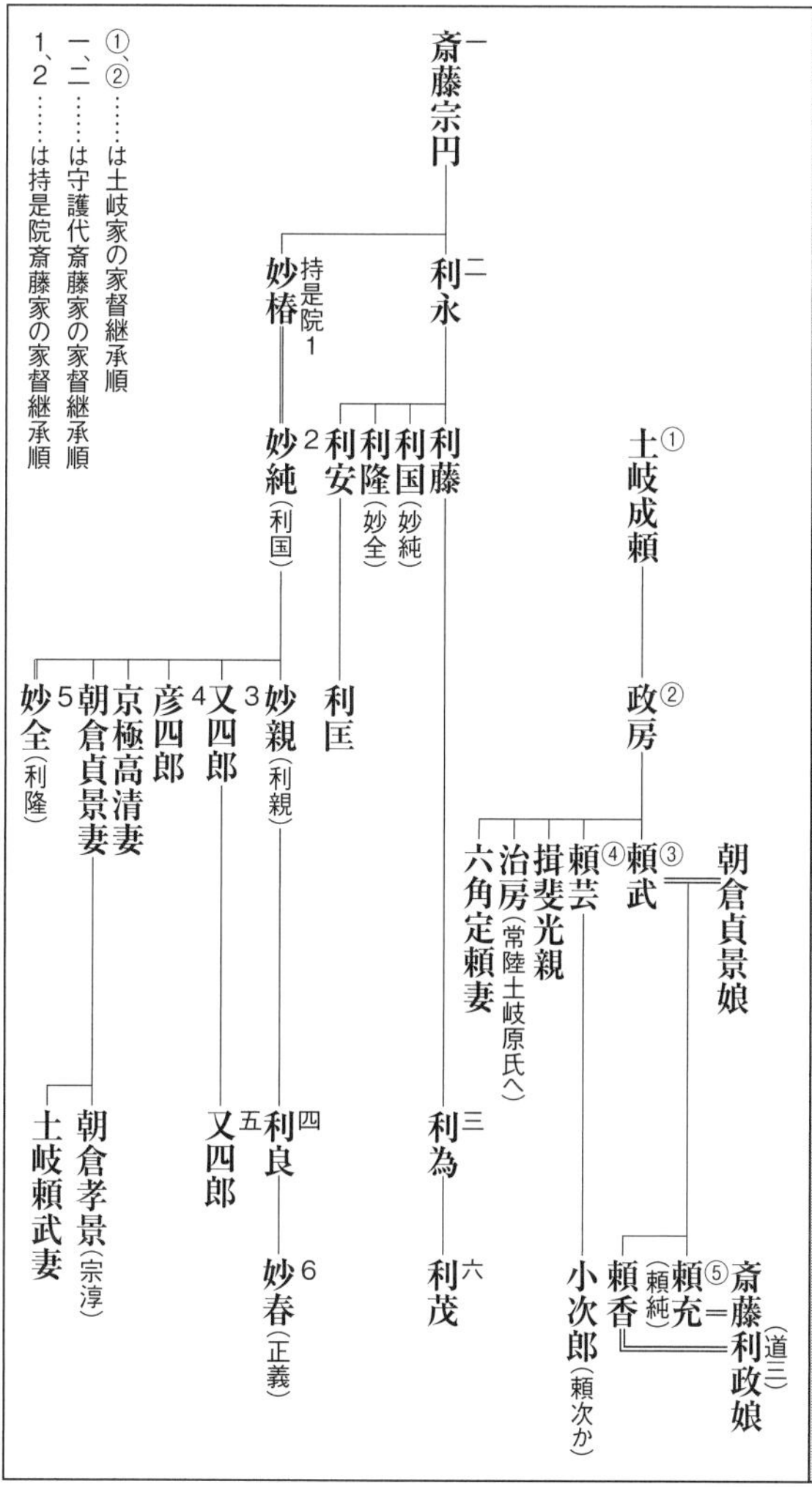

て美濃に侵攻した。利政はこの頃には、稲葉山城（岐阜市）を本拠にするようになっていて、頼充方にその稲葉山城の城下まで侵攻されている。

斯波家の軍勢の中心は、守護代織田大和守の奉行織田信秀であった。利政は城下での合戦で、これに勝利し、尾張勢の撃退に成功した。

その後も頼充方との対立は続いたが、同十五年九月に、頼芸・利政と頼充との間で再び和睦が成立した。この時、頼充自身は越前にいて、そこから美濃に帰国した。頼充の帰国が認められていることからすると、この時の和睦も頼芸・利政が妥協を余儀なくされたものであろう。

さらには、頼芸の家督は頼充が継承することが取り決められたと考えられている。頼充には、越前朝倉家・尾張斯波家（中心は織田家）という国外勢力が支援しており、それとの抗争は、それら国外勢力との抗争をともなうものとなっていた。それは他国の戦国大名との抗争であった。頼芸・利政には、いまだ独力でそれらと抗争する実力は培われていなかったといわざるをえない。

この和睦にともなって、利政は頼充との政治関係を構築した。すなわち娘を頼充の妻とした。頼充は次期土岐家当主の地位を約束されていたとみなされるから、これは頼充の家督継承後に、それへの政治的影響力を確固たるものにしようとするものであったろう。さらに頼充の弟頼香《よりたか》にも娘を嫁がせたことが伝えられている。なおこの頼香は江戸時代の所伝では、頼芸の弟に位置付けられているが、正しくは頼充の弟であった。

これによれば利政は、頼充・頼香兄弟に娘を嫁がせたことになる。ただし頼香妻について明確な史料は確認されていないので、頼充の死後に再嫁した可能性もあろう。また頼充妻こそ、のちに織田信長に嫁いだ娘（いわゆる帰蝶《きちょう》・濃姫）の可能性が高いとみなされている。

暗殺、毒殺、騙し討ち

ところが天文十六年（一五四七）十一月に、頼充が二十四歳で死去してしまった。その死去について、後世になって利政の毒殺によると伝えられるようになる。早いところで、太田牛一の『信長公記』にみえているが、そこでは頼充を頼芸の子としていて誤っている。実際には当時の史料で、頼充は「早世」と記されているので、利政による関わりはなかった。

しかし土岐家の一族を粛清していったのは事実であった。頼香は同十七年十一月まで存在が確認されているが、その後に利政によって自害に追い込まれている。いまだ詳しい事情は判明していないが、頼充の死去により、頼香が土岐家の家督継承者の地位につき、利政の娘を妻に迎えたものの、利政とは対立が生じたらしい。頼香には、家宰の斎藤利茂や有力な斎藤家一族の斎藤正義（法名、持是院《じぜいん》妙春）が味方したらしい。

同十七年二月、利政は味方を通じて斎藤正義を暗殺した。また七月を最後に、斎藤家惣領の利茂の活動はみられなくなっている。これも利政に討たれた可能性がある。これにより利政は、斎藤家惣領に取って代わる存在となった。ついに当主頼芸に次ぐ地位に昇ってきた。

ところが八月に尾張織田信秀から美濃への侵攻をうけた。頼香が織田信秀に支援を要請した可能性が高いと考えられている。利政は、織田軍の侵攻をまたも撃退したものの、国内での戦乱は継続し、十一月から十二月にかけて大きな合戦があり、利政は敗北したという。利政も決して優位ではなかったらしい。

その直後のことであろう、頼香を稲葉山城に招き、自害に追い込むのであった。もしかしたら和睦をもちかけ、騙し討ちにしたのかもしれない。そしてその後、頼香の弟たちを相次いで毒殺したり隠遁に追い込んで、土岐家嫡流家の人々を一掃した。利政が強引な手法を用いて、土岐家一族の粛清を行ったことは確かなようである。

こうして利政は、美濃の戦乱をおさめた。その年の五月までに、再び出家して法名道三を称している。以後は死去まで道三を称するのであった。出家の理由はここでも判明しないが、時期から考えると、土岐頼香との関係による可能性がある。頼香との和睦に際してか、それを謀殺したことへの弔いの姿勢を示したものか、といったことが推測されている。いずれにしてもこの時期が、道三にとって政治的な画期にあたっていたことは間違いなく、それにともなうものであったであろう。

十七年かけて戦国大名へ

一方で尾張織田信秀は、同十八年から有力な織田家一族との抗争を激化させるようになっていた。そのため織田信秀から、和睦を申し入れられ、同年秋に成立したという。同時に婚姻関係をもとにした同盟を申し入れられたとみなされる。道三も、他国の勢力との連携は必要であり、かつ隣国の有力勢力との同盟は有意義と考えたのであろう、これに応じた。

そしてかつて土岐頼充の妻であった娘（いわゆる帰蝶・濃姫）を、織田信秀の嫡男信長に再嫁させた。その時期は現在でも確定されていないが、同年のうちのことであったと考えられている。ちなみにこの利政娘は、天正元年（一五七三）十二月二十五日に死去したとみなされている。

こうして道三は、初めて国外の政治勢力との同盟を成立させるのであった。それは道三が事実上、美濃統治を主宰する戦国大名の地位に達したことを意味しよう。そして天文十九年十月頃に、ついに主君の土岐頼芸とその弟揖斐《いび》光親《みつちか》を、国外に追放するのであった。頼芸は近江六角家を、光親は越前朝倉家を頼った。

これにより道三は、主家を排除し、自ら美濃国主となり、戦国大名としての地位を確立した。時に四十七歳であった。そしてその地位は、幕府からも事実上、承認された。

道三は、三十歳で父の家督を継いでから、十七年の歳月をかけて戦国大名にまで上り詰めた。土岐家の家宰斎藤家の家宰長井家の一族という、土岐家陪臣の一族という地位から出発し、長井家の惣領的立場になり、斎藤家の一族となり、そして斎藤家の惣領的立場になり、そのうえでの美濃国主化であった。

すなわち**四段階の身上がりを経ての下剋上**であった。下剋上によって戦国大名化したもののうち、これだけの身上がりを経たものは、この道三が唯一である。どうして道三は、こんなにも身上がりを重ねることができたのか。

その理由を明快に示すことは難しいが、戦乱が継続するなか、道三には卓越した領国統治の手腕と戦争に勝利する力量があったからにほかなるまい。そして他の土岐家の一族や家中、斎藤家の家中には、道三ほど有能な存在はいなかったことが、道三に活躍の場をもたらし、道三はそれを梃子《てこ》に台頭していくことが可能だったのであろう。

なぜ下剋上を決断したか

そもそも道三は、なぜ主君の土岐頼芸を追放し、自ら美濃国主になることを決断したのであろうか。

道三が土岐家家中で台頭してきたのは、土岐家における内乱を通じてであった。道三はそこで、軍事的能力と統治能力を発揮し、主君から重用されるようになった。しかしその後の美濃は、土岐家の内乱は断続的に継続し、頼芸の反対派が国外の戦国大名勢力と連携したことで、それら国外の政治勢力からしばしば侵攻をうけるようになっていた。美濃は、一方的に他国の政治勢力から侵攻される状態に陥るものとなった。

そこにおいて道三は、それら国外勢力との抗争を中心になって担い、美濃の確保を果たしていった。その活躍によってついに斎藤家の惣領的立場にまでなり、当主頼芸を一身で支える立場になった。しかし美濃への他国からの侵攻が途絶える様子はなかった。

そうした状況のなかで、道三が独自に尾張織田信秀と同盟を結んだことで、その存在は事実上の戦国大名というべき存在になった。これをうけて道三は、もはや主家の存在は不要と考え、自ら国主となって、軍事と領国統治を主宰することで、美濃の確保と安定を図ったのではないかと思う。

ただし美濃の戦国大名になったとはいっても、美濃一国の統一を遂げていたわけではなかった。すでに土岐家の段階から、一国全体を支配していたわけではなく、美濃北部の東・遠藤家、美濃東部の遠山家一族は、いずれも自立的な国衆として存在し、独自の領国支配を展開していた。土岐家の領国を継承した道三の領国も、その範囲のものであった。

自ら戦国大名となった道三の課題は、国内に存在する、土岐家庶流の領主、土岐家家臣の領主らを、すべて自らの家臣に編成することであり、また領国全域を対象にした統治の仕組みを構築することにあったとみなされる。

しかしながらその具体的な状況は十分には明らかにならない。家臣統制や領国統治の内容を具体的に示す史料がほとんど残されていないことによる。そのため具体的なことは判明しないが、その後も斎藤家が美濃の戦国大名として存在し続けることからすると、当然のことながら、それを達成していたことは間違いなかろう。とはいえ主君の頼芸やその子は美濃復帰を諦めてはおらず、それを庇護する六角家との抗争が展開され、領国の安定化は簡単には実現されていない。

道三の身上がりの過程では、しばしば強引な手法が用いられたことも確かであった。そもそもは、長井家惣領の長井景弘を排除して、自らそれに取って代わることから始まっている。その後でも、斎藤家惣領の斎藤利茂、その有力一族の斎藤正義を排除し、正義に関しては暗殺という手段を用いている。さらには、土岐家の次期家督継承候補者であり娘婿であった土岐頼香を騙し討ちにし、その兄弟衆を毒殺などで粛清している。

これらをみると、道三は**自らの政治的地位と勢力の確保のためには、障害になる政治勢**

力に対して、暗殺も厭わず排除する、という苛烈な考えの持ち主であったことがうかがわれる。そのことに照らし合わせると、主君の頼芸を追放で済ませていることは、道三にとってはかなり穏便な手法であったといえる。さすがに直接の主君、さらには国主の身分にあるものを暗殺などすることは憚られたのかもしれない。

嫡男義龍との抗争へ

天文二十三年（一五五四）三月になると、嫡男義龍《よしたつ》（当時は利尚）の政治活動が開始され、道三とともに領国統治にあたるようになった。

義龍は享禄二年（一五二九）の生まれで、この時は二十六歳になっている。母は、西美濃における有力家臣の稲葉良通（法名一鉄）の姉妹と推定されている。ちなみに江戸時代半ば以降の所伝では、土岐頼芸の愛妾の「三芳野」「深芳野」とされ、義龍も実は頼芸の子であったとされることがあるが、これは江戸時代半ばに創作された作り話にすぎない。

義龍は生涯において、しばしば名乗りを変えている。当初は、新九郎利尚を名乗った。仮名の新九郎は道三からの襲名であり、その嫡男に位置付けられていたことが示されている。弘治元年（一五五五）十二月に、道三と敵対した時期に范可《はんか》と、同二年九月には道三を討ち取ったことをうけて高政と、実名を相次いで改めている。

永禄元年（一五五八）二月から四月の間に、幕府から治部大輔の官途を与えられている。これは美濃国主としての地位を幕府からも承認されたこと、国主に相応しい身分的地位を与えられたことを意味している。

さらに同二年八月には、足利氏御一家の名字である一色氏の名字と、将軍足利義輝の偏諱を与えられて、名字と実名をともに改め、「一色義龍」となっている。そして同四年には左京大夫の官途を与えられた。

このように義龍は、最終的には、足利氏御一家の名字である一色氏を称するものとなっている。義龍の実名はそれにともなうものであった。したがって一般的には「斎藤義龍」と呼ばれることが多いが、正確にはそのような人物は存在しない。斎藤名字の時の実名は、利尚・范可・高政であり、義龍はあくまでも一色名字における実名であった。

ちなみにその子龍興の代においても名字は一色氏であり、その実名も後に足利義昭から偏諱をうけて義棟を名乗り、さらに義紀に改名している。いうまでもなくこの龍興も、「斎藤龍興」として存在したことはなく、あくまでも「一色龍興・義棟・義紀」として存在した。

ではなぜ、義龍・龍興の名字が斎藤氏のままで認識されてきたかというと、おそらく『信長公記』が斎藤名字で記し続けたからであろう。織田信長の関係者としては、敵対する義龍・龍興について、織田家よりも格上の一色名字で称することは認めがたかったのであろう。それが江戸時代にも広範に流布したことで、現在にも影響しているのであろう。

義龍の政治活動の開始に関しては、ここで道三から義龍に家督が譲られた、とみる見解もあるが、これだけでは判断は難しい。義龍の政務参加の開始と理解しておくのが適切であろう。またこの頃から、道三は受領名（朝廷の地方官による通称）山城守を称した。

そして弘治元年四月に道三が出した文書には、あらためて義龍からも文書が出されることが記されている。これも義龍の政務参加を示すものと理解される。さらに閏十月には、道三の権限で家臣所領を設定しているので、やはり道三の隠居はなかった可能性が高い。実際にも道三は依然として稲葉山城に在城した。

合戦で戦死

ところが同年十一月から、道三と義龍の抗争が開始される。原因は、道三が義龍を評価せず、次男孫四郎・三男喜平次を鍾愛したため、義龍は弟二人をおびき出して騙し討ちしたことにあったとされる。

これは『信長公記』にみえているので、おおよそは信じてよいであろうが、その背景には、この時期から美濃東部をめぐり駿河今川・甲斐武田とも抗争が開始され、外交的に孤立状態になっていたため、外交方針をめぐる対立があったのかもしれない。

いずれにしろ道三は、義龍との対決を決し、稲葉山城から退去して、大桑城に後退した。義龍は、実名を范可に改名し、父との敵対姿勢を表明した。范可とは、中国で父の首を切って孝とされた人物にあたる。義龍はその故事にならい、その名を名乗った。

実際の両勢力の抗争の状況はほとんど伝えられていない。義龍が着々と領国支配を確保している状況がみられた。そして同二年四月に、義龍が長良川に軍勢を進め、二十日に同川のほとりで両軍が交戦した。この合戦で道三は戦死を遂げた。五十三歳であった。

その前日、道三は末男にあたる「児」（のちの斎藤利治にあたるという）に宛てて遺言状を記した。その前半部には、美濃大桑で、すべてを織田信長に譲与する譲状を与えたことを伝えている。義龍と抗争し、それに対抗しうる子供二人も義龍により失っていた道三にとって、政治勢力の後継者としては、娘婿の信長しかいなかったといえる。信長も、この合戦にあたって援軍として進軍したが、合戦には間に合わず、義龍軍に迎撃されている。

一代で戦国大名に成り上がった道三は、ここにその生涯を閉じた。その最期は嫡男と家督をめぐる抗争を展開した末の戦死であった。道三による下剋上の過程、そして義龍との抗争の末の戦死によって閉じた生涯は、まさに劇的というしかない。

道三の下剋上がもたらしたもの

道三の下剋上をあらためて振り返ってみると、まさに実力による身上がりの集大成であったように思われる。それは父新左衛門尉（豊後守）から二代かけてのことであったが、他国出身の牢人が、最後は国主にまで上り詰めるという身上がりは、戦国時代における立身出世の手本のようでもある。

しかも父の存在は早い段階で忘却され、羽柴秀吉の時代には、それらはすべて道三一代のことと認識されてしまっている。そしてその身上がりが記憶され続けたのは、戦国時代では実力による身上がりが可能となっていたからであり、道三はその先駆例として認識されたからであった。

戦国時代は、いまだ身分秩序や主従関係が基調であった一方で、そのように実力による身上がりが可能になっていた。道三の台頭が、領国統治との戦争での力量によったように、戦争が恒常化していたなか、それらの能力次第では、十分に身上がりが可能であった。それはその後の世代に大きな影響を与えたことであろう。

娘婿の織田信長が、最後は「天下人」まで上り詰めていく意識の根底には、道三の身上がりを横目にみていたことがあったに違いない。さらにはその家臣の羽柴秀吉を、草履取りから家老の一人にまで取り立てたことへの抵抗感も、少なかったであろう。そうして秀吉家臣の世代になると、出自を問わず、戦功による身上がりを普通のこととする感覚が生まれていったであろう。

第六章　陶晴賢の無念

――取って代わる意図はなかったのに、
なぜ主君を殺したのか

西国最大の下剋上

　西国の戦国大名での下剋上として代表的な事例は、陶晴賢の場合である。晴賢はもとは隆房を名乗っていて、西国最大の戦国大名の大内義隆の家宰で周防国守護代であった。

大内家は、周防国山口（山口県山口市）を本拠に、周防・長門両国を本国に、筑前・豊前・肥前・石見・安芸・備後などにわたる広大な領国を形成していた。陶家は、大内氏庶流で、その家宰と周防国守護代を相承した、まさに大内家の筆頭家臣の地位にあった。

そうした立場にあった隆房は、天文二十年（一五五一）八月二十七日に義隆に対して挙兵し、大内家の本拠山口に侵攻した。義隆は山口大内館から退去し、二十九日には長門国大寧《たい》寺《ねい》（山口県長門市）に避難した。

その日の夜から隆房の軍勢は義隆を攻撃し、翌九月一日に義隆を自害に追い込んだ。さらに生け捕りにした義隆の嫡男義尊《よしたか》も同二日に殺害した。隆房はこの叛乱によって、主家の義隆・義尊父子を滅亡させた。

しかし隆房の叛乱は、自らが主家に取って代わるという下剋上を企図したものではなかった。叛乱に先立って隆房は、豊後の戦国大名大友義鎮《よししげ》（法名宗麟《そうりん》）に、その弟晴英（のち大内義長）の大内家相続を要請していたことが伝えられている。そして隆房は、反対勢力の平定ののち、あらためて大友義鎮に晴英の大内家継承を申請し、同二十一年正月に大友家の本拠豊後国府内（大分県大分市）で養子縁組の儀式がとりおこなわれたうえで、晴英は三月に山口入りを果たし、大内家当主になった。

隆房はその家宰として、大内家を事実上取り仕切り、晴英から偏諱を得て実名を晴賢に改名する。「陶晴賢」の名は、こうして誕生したものであった。

大内家当主の晴英は、同二十二年に将軍足利義藤（のち義輝）から偏諱を与えられて実名を義長に改名し、さらに従五位下・左京大夫に叙任されて、名門大内家の当主に相応しい立場となった。

晴賢は、この義長を主君として推戴して、大内家権力を主導した。また、出雲尼子家方との抗争や大内家から離叛した安芸国衆の毛利元就との抗争を展開した。

しかし弘治元年（一五五五）十月一日の安芸厳島合戦で毛利元就に敗戦し、戦死した。これ以後、毛利元就による大内家領国への侵攻が展開された。同三年四月、義長は長門に逃れたものの、毛利軍の攻撃をうけて自害に追い込まれた。これによって大内家は滅亡した。

晴賢の戦死後も、大内家は二年の存続をみてはいたが、晴賢を戦死させた毛利元就による領国への侵攻を受け続けたことからすれば、晴賢の戦死が大内家滅亡の直接の要因であった。晴賢の叛乱後の大内家は、まさに晴賢によって担われたものであった。

ただし晴賢は、あくまでも主君を推戴した。義隆を自害させてすぐに、義長を新当主に迎え入れることをすすめているので、**晴賢に主家に取って代わる意図はなかった**。そのため晴賢の叛乱を、下剋上として認識してよいかというと微妙といえる。

しかし新当主義長を迎えるまでの半年ほどは、晴賢が実質的に大内家領国の主宰者の地位にあったことも確かである。それらの状況について、詳しくみていきたい。

陶隆房と大内家

陶隆房は、大永元年（一五二一）生まれで、大内家の家宰で周防国守護代の陶興房の嫡男である。長男ではなく次男であった。父興房の最初の嫡男は、長男の興昌で、永正元年（一五〇四）の生まれで、隆房より十七歳も年長であった。父興房を助け、軍事行動もするようになっていたが、享禄二年（一五二九）四月二十三日に二十六歳で死去してしまった。

これにより次男であった隆房が、興房の嫡男になった。この時、隆房は九歳にすぎない。実名の隆房は、主君の大内義隆から偏諱を得たものになる。義隆は永正四年生まれで、隆房より十四歳も年長にあたった。

隆房は元服後の天文六年正月に、義隆の推挙により、幕府から従五位下・中務権大輔（のちに尾張守）の官位を与えられている。大内家では、当主だけでなくその重臣や国衆も、当主の推挙によって幕府から官位を与えられていた。隆房はこの時はわずか十七歳にすぎなかったが、この叙任は、陶家の嫡男であることにともなうものであった。

ちなみに主家の大内家は、義隆の先代義興の時に従三位以上の公卿の身分を獲得していた。この時の義隆は、まだ従四位上で公卿の手前にあったが、その後に順調に昇進を重ねて、同十年には従三位に昇進して公卿になり、同十七年には父義興を超えて従二位まで昇進している。継続して公卿の身分にあった戦国大名は、この大内家しか存在しない。

図6―1 陶氏略系図

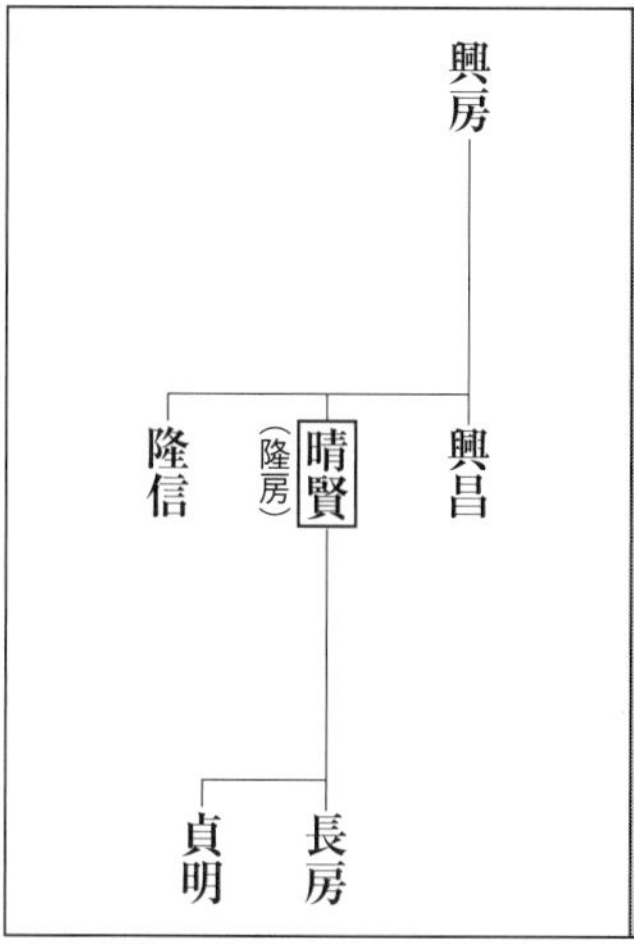

さらには武家としても、他には足利将軍家があっただけである。すなわち大内家は、義興の代から、武家では足利将軍家に次ぐ身分にあった。大内家の重臣がこぞって官位を与えられていたのも、主家の大内家の政治的地位の高さに応じていた。

同八年四月十八日に父陶興房（当時は法名道麒）が六十五歳で病死し、隆房がその家督を継承した。わずか十九歳であったが、同時に、陶家当主歴代が務めてきた大内家の家宰と周防国守護代も継承し、重臣筆頭の立場に位置した。

この時期、大内家は本国の周防・長門、九州北部の豊前・筑前、山陰の石見に守護代を置いていた。本拠山口が所在する周防は、家宰の陶家が守護代を務めていた。長門は内藤興盛、豊前は杉重矩《しげのり》、筑前は杉興運《おきかず》、石見は問田隆盛がそれぞれ守護代を務めた。守護代は、当主による領国統治を地域的に代行する存在にあった。

そして当主のもと、領国全体についての統治や軍事に携わったのが、家老にあたる評定衆であり、八人ほどが存在していた。その筆頭が家宰の隆房であり、また守護代の内藤興盛・杉重矩も加わっていた。大内家の重臣として極めて有力な存在であったのが、守護代と評定衆を兼ねていた、陶隆房・内藤興盛・杉重矩の三名であったといっていい。そのなかでも隆房が、その筆頭として主家を支える中心に位置していた。

同九年九月、大内家と尼子家が安芸国衆の帰属をめぐって抗争し、尼子軍は大内方の有力国衆であった毛利家攻略のため、その本拠の吉田郡山城（広島県安芸高田市）を攻撃した。毛利家は籠城戦で対抗するが、十月に大内家は援軍を安芸に派遣する。それは隆房・杉重矩・内藤興盛らからなる主力軍であり、総大将は隆房が務めた。

ここに隆房は、はやくも大内全軍の総大将を務めるようになっている。さらに大内軍は進軍して、尼子軍と対峙し、同十年正月の合戦で尼子軍に勝利し、敗走させた。このよう

図6-2 大内義隆関係系図

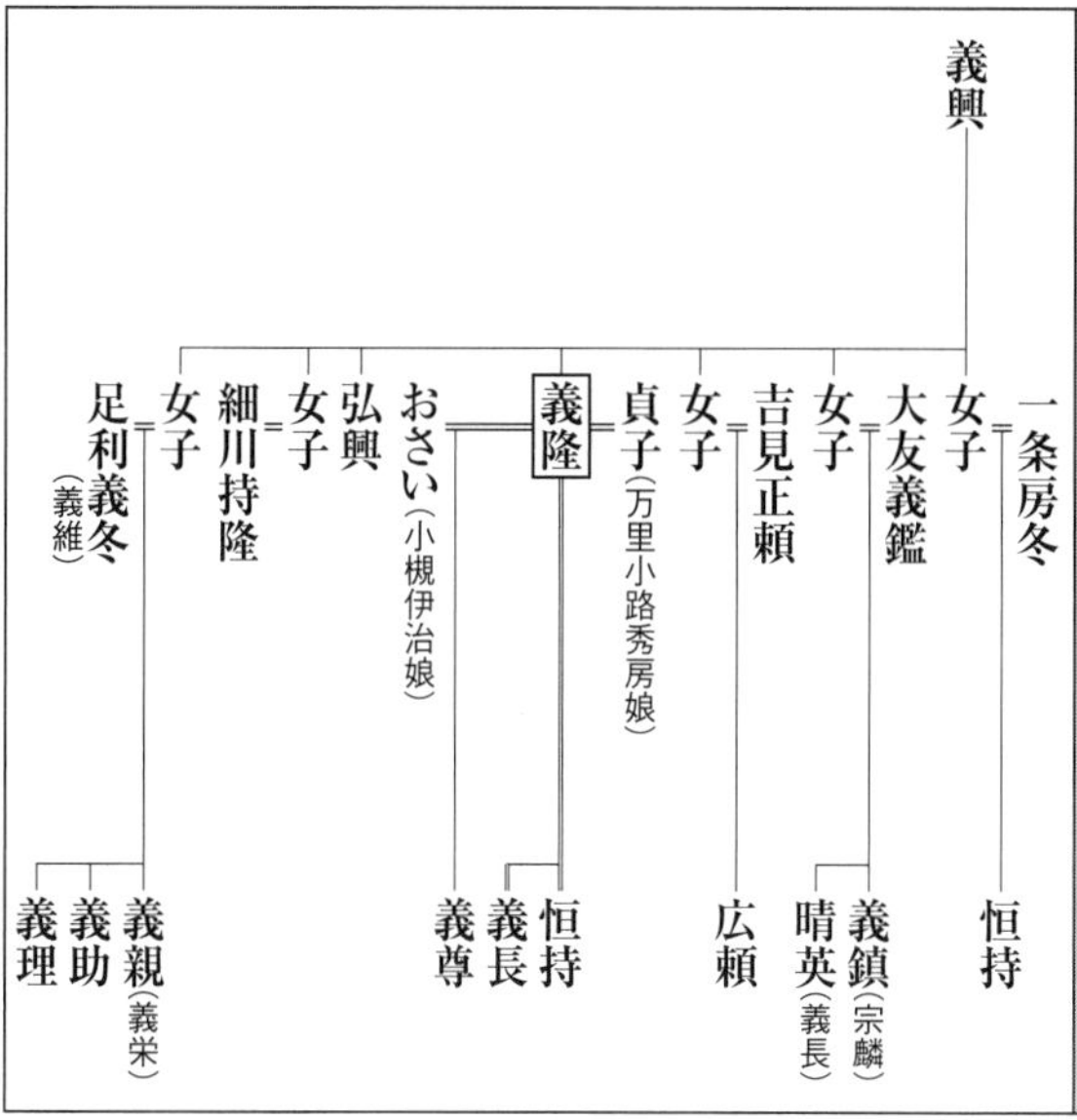

に隆房は、家督を継いだ翌年には、大内家における事実上の総大将として活躍をみせるようになっている。隆房はまだ二十歳をすぎただけであった。

義隆との対立

隆房は、やがて主君の義隆と政治的に対立をしていくことになる。両者の対立が明確に認識できるようになるのは、天文十七年（一五四八）七月頃からになる。義隆の側近家臣の青景隆著《あおかげたかあきら》は、隆房と親しい関係にあり、それが安芸毛利家の人物に宛てた書状で、本来であれば義隆が大軍を動員すべきと思うが、それが実現

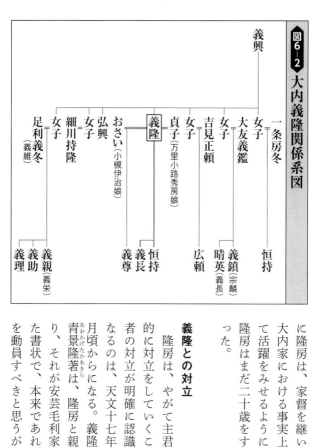

できそうもないことを報せている。

当時、備後で尼子方の勢力と抗争していて、毛利家はそれに動員されていた。隆房や青景隆著は支援の軍勢を出陣させるべきと考えていたが、義隆が承知しなかったと推測されている。

義隆は、天文十年正月に安芸で尼子軍に勝利したのち、安芸における尼子方の攻略をすすめたうえで、同十一年六月から尼子家の本拠出雲に進軍するが、同十二年五月に大敗し、撤退した。その際に養嗣子恒持（姉の子で土佐一条房冬《ふさゆき》の子）が戦死するという損害を出すほどのものであった。この大敗がトラウマとなったのか、義隆は軍事行動に積極的でなくなったとみなされている。

他方の隆房は、大内家の味方勢力の維持、領国の維持のために義隆の出陣が必要と考えていたのであろう。しかし義隆はそれに応じないことから、隆房らは義隆への不満を抱くようになったらしい。

そうしたところに、その直後の八月、同十四年に失脚していた義隆の側近家臣の相良武《さがらたけ》任《とう》が復権を果たし、評定衆と財政担当奉行の政所に復帰した。この相良武任の存在が、やがて隆房と義隆の対立に少なからず影響をおよぼすものとなる。

同十八年正月、早くも隆房の謀叛が取り沙汰されるようになる。義隆は謀叛の嫌疑により、筑前国衆麻生家重の家臣小田村備前守を誅伐しようとしたが、それに隆房が関与していることを聞いて躊躇した。隆房は小田村と兄弟契約を結んでいて、それによって生じた噂であった。隆房はそのため、その兄弟契約状を義隆に提出して、身の潔白を弁明した。

義隆は処置に困って、相良武任を豊前国守護代で評定衆の杉重矩のもとへ派遣する。杉はこれに関して、数年来、隆房に謀叛の企てがあることを義隆に言上してきたが、理解してもらえなかったことを述べる。

相良はそれに対して、大内家の他の家臣たちが隆房を支持することがあるだろうか、と疑問を述べると、杉は、大内家家臣だけでなく領民までが隆房の味方になっている、小田村の件は、麻生家重が隆房に味方せず、義隆を大切にしたので発覚したのだ、と返答した。

ここからすると隆房は、すでに数年前から、義隆への謀叛を考えていたことになる。杉重矩はそのことを、しばしば義隆に言上していたというが、義隆はそれを全く信用しなかったらしい。それは相良が失脚して以降のことであったというから、同十五年、十六年頃からのこととみることができるかもしれない。出雲での大敗以降、大内家の軍事行動が芳しくなくなっていたなか、隆房は当主の交替を考えるようになっていたことがうかがわれる。

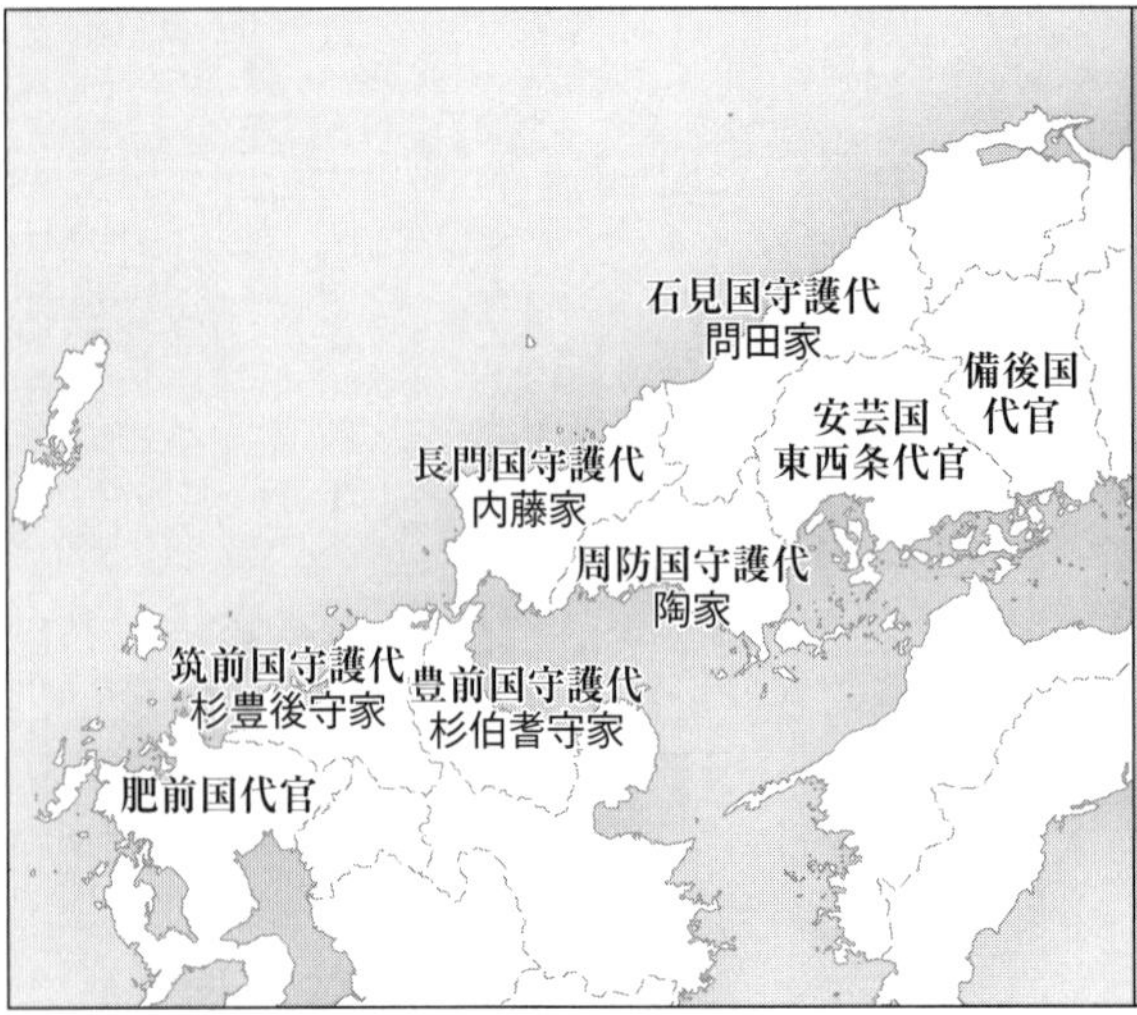

図6−3 大内家領国図（藤井崇『大内義隆』より）

謀叛は全く想定できなかった

杉の返答内容に驚いた相良は、山口に帰還し、その内容を義隆に言上した。すると義隆が、杉がそのようなことを繰り返し言上していたことを認めると、相良は、杉には大内家家臣が隆房を主君にと思うようになるのは無理である、と述べたことを言上する。

すると義隆は、隆房謀叛を決めつけぬようにしよう、と答えるのであった。ただし相良は、杉ほどの重臣が言うことなので、内藤興盛に相談することをすすめると、義隆から内藤のもとに赴くことを命じられた。そして相良は内藤を訪ね、隆房謀叛についての意見を求めると、相良の見解は不確かであるが、実否は知らない、という傍観者的な反応であった。

これらによれば、隆房の謀叛の動きは、すでに大内家の家中では知られるようになっていたらしい。これに強く反応していたのが杉重矩であったようだ。それと並ぶ有力者であった内藤興盛は、実否は知らないとして傍観者となっていた。

しかし何より注目されるのは、それへの義隆の態度であろう。数度にわたって杉から言上があったにもかかわらず、それを放置し、さらには相良からの報告をうけて、隆房謀叛を決めつけることを自ら戒めているのである。義隆にとっては、隆房の謀叛は全く想定できなかったのであろう。

これは第一章で取り上げた長尾景春の場合に共通している。主君の山内上杉顕定は、景春謀叛の動きについて、二年前から言上をうけていたにもかかわらず、やはり信用せずに放置したのであった。そこには共通して、代々の名門家の当主としての「人の良さ」や「甘さ」をみることができるかもしれない。

叛乱の決意

実際には、隆房は謀叛の準備を着々とすすめていたらしい。それは大内家家臣だけでなく大内方の国衆にまでおよんでいた。なかでも特に重視していたのが、安芸毛利元就であった。元就はすでに家督を嫡男隆元に譲っていたものの、「大殿」として事実上、毛利家の最高権力者として存在し続けていた。

さらに次男元春は吉川家、三男隆景は小早川家に養子入りしていて、毛利家は安芸において最大の国衆に成長していた。天文十八年（一五四九）二月から五月におよんで、元就は山口に参府した。その際に隆房は、青景隆著が周旋して、しばしば元就を自身の屋敷に招いて、義隆討滅の密議を行ったという。

またこの時期のことで注意されるのは、その五月に、大友晴英が「周防介」を名乗り、豊後国宇佐八幡宮（大分県宇佐市）に、義隆との養嗣子契約が反故となったことについて、その恥辱を雪《そそ》ぎたい旨の願文を奉じていることである。

義隆は、初め姉の子恒持を養嗣子に迎えていたが、天文十二年の出雲敗戦の折に戦死させていた。そのため同じく姉で豊後大友義鑑《よしあき》妻の次男の晴英を養嗣子に迎える取り決めをした。しかし同十四年に義隆に実子義尊が誕生したため、その契約は反故にされていた。

ここでその晴英が、あらためて大内家家督への意欲を示しているのは、隆房からの働きかけがあったか、その動きを察してのことであろう。隆房の叛乱後の動向をみると、隆房から働きかけがあったと考えてよいかもしれない。晴英は天文元年生まれとされるので、この時は十八歳であった。

ところが同年九月、大内軍は備後国ほとんどの確保を遂げた。十一月からは備中国への進出をすすめている。同時に十二月には石見国に軍勢を派遣している。ここに義隆は、出雲敗戦以来の弱気を払拭するような状態になった。そうしたなかで、隆房と杉重矩が和解した。杉は、それまで隆房謀叛をしばしば義隆に言上していたが、このことが隆房に露見すると一大事と考えて隆房と和解し、責任を相良に押しつけようとしたのだという。

これが意味することはいまだ明確ではない。しかしこれにより、隆房が、隆房謀叛を言い立てていた杉重矩と和解したことは、その後の叛乱の状況を踏まえると大きな意味を持った。杉重矩を味方につける前提をなしたからである。

その後の隆房は、表面的には義隆との関係を平穏に保っている。ところが同十九年八月になると、明確に義隆への謀叛の意志を表すようになった。隆房は八月二十四日に、毛利元就・隆元らに対し、義隆を廃してその嫡男義尊を新たな当主に擁立する意向を示し、それへの協力を求めている。そこでは、義隆との不和は解消されず、義隆は隆房を赦免することはないので、義尊を擁立することを述べている。

これまで表面的には、隆房と義隆との関係は平穏であったように思われるが、実際には不和が続いていたのかもしれない。かつて義隆は、隆房謀叛を決めつけない態度をとったようであるが、次第にその疑念を払拭できなくなっていたのかもしれない。

これが隆房の本心であれば、叛乱の決意は、義隆との関係が修復不可能であるとの認識にいたったことになる。その場合には、隆房は、大内家における自身の政治的地位の維持のため、それを否定しようとする主君の排除を図った、ということになる。その嫡男義尊を新当主に擁立しようとしたとすれば、第一章の長尾景春や第四章の長尾為景の場合と同様といえるであろう。

主従関係の切断

九月十五日、隆房が義隆側近の相良武任を襲撃するとの噂が流れたらしい。義隆は防備を固めると、翌日には逆に義隆の軍勢が隆房を襲撃するという噂が流れた。結局は何事もなかったが、同十七日に義隆はこれを隆房に詰問するも、進退に窮した相良が出家・遁世することで事態は収拾された。しかしその一方で、隆房は十四日に、内藤興盛は十九日に、いずれも評定への欠席届を出している。ともに病気を理由にしていた。

ここで隆房が本当に相良襲撃を図ったのか、だとすればその理由は何かは明確ではない。これまでは、武断派の隆房と文治派の相良との対立によると理解されることも多かったが、ことはそう単純ではなかろう。相良の遁世は、後における弁明によると、杉重矩によって隆房謀叛の讒言の責めを負わされたものらしく、隆房は相良を讒言者として敵視していたらしい。そうすると隆房による相良襲撃もあり得ないことではなかろう。

しかしその行為は義隆にとっては認めがたく、詰問となったのであろう。しかもその前後に、隆房・内藤興盛がともに、病気を理由に評定を欠席しているが、これは大内家政務へのサボタージュにほかならない。隆房はそれにより義隆に圧力をかけたとみなされる。

さらには十一月二十七日、隆房は義隆に暇乞《いとまご》いをして、本拠の周防国富田城（山口県周南市）に退去した。これは大内家への出仕停止を意味した。これを義隆が命じたのであれば、隆房が失脚したことになるが、前後の状況からみれば、隆房の主体的な行動とみるのがよく、その場合には義隆との主従関係の切断を意味する。隆房はいよいよ叛乱決行の秒読みに入ったといえる。

隆房のクーデター

天文二十年（一五五一）正月になると、義隆と隆房の不和は公然の状態になった。それはもちろん隆房の叛乱を意味した。義隆はようやく対策を取り始め、二十七日には毛利元就に、もし「錯乱」が生じたら、味方するよう要請している。

しかし元就はすでに、隆房に味方することに決していた。五月には、義隆と隆房双方で、大友晴英を味方にするべく接触したという。ここで晴英は隆房に味方することにし、その際に義隆から誘いのあったことを伝えたという。こうして隆房は謀叛の実行を決意したらしい。

隆房は八月十三日に、安芸国衆の白井房胤に所領を与えることを条件に協力を要請し、二十日には安芸国厳島を占拠した。そして二十七日の夜、隆房はついに軍勢を山口に向けて進軍させた。山口在住の公家衆は、義隆に隆房との和睦をすすめ、ひとまず山口からの退去をすすめた。義隆はそれに応じて、二十八日に大内館から退去して近くの法泉寺に避難した。

その際、山口に在所していた内藤興盛と杉重矩に参陣を命じるが、いずれにも拒否される。両者は隆房の叛乱に味方したのであった。義隆は自身の軍勢で法泉寺を防御しようとしたが、軍勢の多くが逃走したという。そのため義隆は、二十九日に長門国岩永（山口県美《み》祢《ね》市）に退き、さらに仙崎（同長門市）に落ち、そこから船で他国に逃避しようとしたが叶わず、大寧寺に入った。

ここにいたって義隆は最期の覚悟を固めた。翌九月一日、早朝から陶軍の攻撃が始まった。これをうけて義隆は自害した。四十五歳であった。

義隆に付き従っていた近臣や公家たちは、自害するか生け捕られたのちに殺害された。わずか七歳の嫡男義尊も、生け捕られたのち、翌同二日に陶軍によって殺害されたらしい。もっとも隆房は、一年前の時点では、義尊を新たな当主に擁立する意向をとっていた。しかしその後、義尊も殺害しないと情勢は変わらない、とする家臣の進言をうけて、考えを変えたと伝えられる。

ともあれこうして隆房は、主君の義隆・義尊父子を滅亡させることに成功した。まだ三十一歳であった。陶方の軍勢は、筑前にいた相良武任を自害させ、また筑前国守護代杉興運を自害させた。隆房方の安芸国衆の吉川元春は安芸の反隆房方を攻略した。こうして隆房は、大内家領国のおおよそを掌握した。

なおその後、隆房は相良武任がこの年正月に杉興運に宛てて書いた弁明状（「相良武任申状」）をみたらしく、杉重矩が隆房謀叛を讒言していたのに、その責任を相良に押しつけていたという事情を知って、義隆に叛乱し自害させたことを後悔したという。そして同二十一年正月、自ら軍勢を率いて杉重矩を襲撃し、最後は自害させるのであった。

もっとも杉重矩を滅亡させている事情については、そのままには信じがたい。叛乱の責任を杉重矩に押しつけるものといわざるをえない。叛乱において杉重矩は隆房を支持していた。それが半年後に殺害におよんでいるのは、かつて不和の関係にあったことからすると、それが再燃したことによるとみるのが適当と思われる。

これまでにも述べてきたように、義隆父子を滅亡させたとはいえ、隆房には**大内家に取**

って代わる意図はなかった。実際にも叛乱成功の直後に、隆房は毛利元就に晴英の擁立を伝えていることが確認されている。

そして同年の末に、使者を大友家に派遣して、晴英に大内家継承を要請している。叛乱の成功から数ヵ月は経っているが、それはその間も領国内における反対勢力の平定をすすめていて、それを遂げたことをうけて、とみることができよう。そして同二十一年正月十六日に、豊後府内で家督継承の縁組みの儀式が行われ、晴英は大内家当主になった。二月十一日に周防に向けて豊後を出発、三月一日に周防に上陸し、同三日に山口に入部したという。

ここに新たな大内家当主として、大内晴英が誕生した。晴英は二十一歳であった。隆房は、それ以前に引き続いて、大内家の家宰として、家政を主導する立場に復帰した。そこでは主君を傀儡化することもなかった。それまでの義隆に対する場合と同様に、当主を補佐するという姿勢を堅持している。

そして十月から十一月の間に、晴英から偏諱を得て、実名を晴賢に改名した。滅亡させた旧主義隆の偏諱を冠した実名を称し続けるのを嫌ったのであろう。そして晴英も、同二十二年春に、将軍足利義藤から偏諱を与えられて実名を義長に改名し、さらに従五位下・左京大夫に叙任されて、大内家の当主に相応しい立場を成立させている。こうして当主義長、それを補佐する陶晴賢による、新たな大内家の領国支配が展開されるのであった。

「天道の計らいにて」

晴賢の叛乱について、敵対関係にあった相良武任は、「御家競望の一言に相極まる」と評していて、その目的はすなわち大内家での主導権の確立にあったとみなしている。対して晴賢自身は、「天の与えを取らざれば、かえってその科《とが》をうく」「我が運も義隆の御運も、天道の計らいにてぞ候べし」と述べたと伝えられている。すなわち「天道」に従ったものだと表現している。

「天道」とは天道思想のことで、この時代の基本思想であった。それは大地の支配は、天に適うものが行う、というものになる。戦国大名においてそれは、領国の安泰、領民の安寧の維持を意味していた。

晴賢の謀叛が取り沙汰されるようになっていた時期に、杉重矩は、晴賢をすでに大内家家臣だけでなく領民も支持している旨を述べていた。**家臣・領民の安泰をはかるのが戦国大名の役割であり、それを実質的に担っていたのは晴賢であり、主君の義隆はそれを遂げておらず、ゆえに主君として失格である、**という状況になっていたといえる。すでに家臣・領民の多くが、晴賢に心を寄せるようになっていた。晴賢は自らの行動に、自信を持つことができたことであろう。

そのために晴賢は、主君の交替をはかり、叛乱を起こしたと考えられる。そしてそれには、多くの大内家家臣の協力が得られ、深刻な抵抗はみられなかった。それは家臣・領民の多くが、大内家領国の存続において、晴賢の選択を支持したことを示している。

しかし晴賢の軍事・外交政策は、早くも天文二十二年（一五五三）十月頃から、狂い始めるようになる。最大の要因は、安芸毛利元就との関係悪化であった。晴賢は備後経略をすすめていて、それに毛利家が尽力していた。

元就から経略なった地を獲得したいと要請されたものの、晴賢はそれを否定し、直臣に与えた。この行為に元就は激しい怒りを示すのであった。

思わぬ戦死

同じ頃、敵対姿勢をとっていた石見国衆の吉見正頼（妻は大内義隆の姉）の攻略をすすめ、毛利家に出陣を命じた。元就は再三にわたる催促に応じてこなかった。ただ元就自身は、晴賢への義理立てを重視して山口下向の意志を示したようだが、当主隆元をはじめ家中が反対した。

その理由は、晴賢は驕って忠・不忠の区別がつかなくなるだろう、主殺しの報いは必ず受けるであろう、晴賢は必ず毛利家を倒そうとするであろう、というものであった。

備後での功績が報われなかったことが、毛利家全体に大きな不満を生み出していたのであろう。同時に主君を滅亡させた行為が、晴賢への信用を大きく失墜させていたことがわかる。身分制社会であり、しかも主従関係を根幹にする武家社会において、主殺しは、大きく信用を揺るがす行為であったと理解される。

考えてみると、戦国大名家で主殺しを行ったのは、この陶晴賢と長尾為景の事例くらいしかみられていない。その後でも、天下人を殺害した三好義継・惟任《これとう》（明智）光秀の事例があるにすぎず、いずれも世間から信用を失ったことでは共通している。同じ下剋上でも、主殺しがあるかないかで、周囲の反応は大きく変わるのであった。

天文二十三年三月、義長・晴賢は吉見家討伐のために出陣、晴賢は石見に進軍した。五月十二日、ついに毛利元就の離叛をうけ、安芸の大内方諸城を攻略され、厳島を占領された。こうして晴賢と毛利元就との抗争が開始された。

翌弘治元年（一五五五）初め、晴賢は毛利家攻略に向けて山口を出陣した。晴賢と元就の間で種々の政治駆け引きが行われた末、厳島での対決へと動いていった。そして九月二十一日、晴賢は厳島に上陸、元就も晦日に上陸、十月一日に決戦が行われた。そこで、晴賢は戦死を遂げてしまう。まだ三十五歳の若さであった。

こうして晴賢は、あえなく最期を遂げた。下剋上を行い、主殺しまでして、大内家領国の維持を図ったものの、それからわずか四年にして滅亡してしまった。しかし大内家そのものは、晴賢戦死からも二年は存続すること、その滅亡は毛利家の侵攻によることからすると、毛利元就との関係悪化が、晴賢戦死・大内家滅亡の最大の要因であった。

ここで晴賢が戦死しなければ、その後の状況はどうなったかわからない。晴賢の戦死さえなければ、大内家の滅亡、それに反比例してその後の毛利家の発展はなかったかもしれない。大名家当主、もしくは晴賢のような家政の主導者の戦死という事態が、いかに重大な政治的影響を与えるものであったかが認識される。

晴賢としては、その後も大内家を安泰にすることで、主殺しによる信用失墜を回復したかったことであろう。思わぬ戦死は、さぞかし無念であったに違いない。

晴賢は下剋上したのか

晴賢のクーデターは、典型的な下剋上の一つとして認識されてきた。しかし果たしてそれは下剋上であったのか、あらためて考えてみる必要がありはしないか。

たしかに主君を実力によって討滅したから、本来の語義でいう下剋上に変わりはない。しかしそれは大内家という枠組みのなかでの権力闘争であり、かつ晴賢は大内家に取って代わったわけではなく、新たな当主を擁立しているのであった。

すなわち晴賢の行為は、大内家の存続を前提にしたものであり、そのうえで当主の交替を実力で遂げた、というものであった。当主交替のクーデターというのであれば、管領家細川政元による将軍足利義材（のち義稙）の廃立、播磨の戦国大名赤松家の家宰浦上村宗《むらむね》による赤松義村《よしむら》の追放など、他にも多くの事例を認識できるであろう。しかし晴賢の場合を、それらと異なるものにしているのは、晴賢が主殺しをしてしまったことにある。

戦国大名家の当主が家臣に殺害された事例は、さすがに多くはみられない。浦上村宗は主君赤松義村を国外追放していた。斎藤道三も主君土岐頼芸を国外追放し、尾張織田信長も主君斯波義銀《よしかね》をやはり国外追放した。主殺しには、晴賢の場合や、長尾為景の場合にみられたように、大きなリスクがともなっていたから、主君に対してできるだけ穏便な処置が選択されたことがわかる。

戦国時代においても、なお身分秩序や主従関係の意識が強固に横たわっていた現実をここにみることができる。下剋上するものたちは、領国の維持とそれらの意識の狭間で、行動選択を余儀なくされ、そこで苦悩を重ねたことであろう。

第七章　三好長慶の挑戦

――将軍を追放して「天下」を統治し、朝廷も依存するように

三好長慶

戦国大名と幕府との関係が問題に

戦国時代においても、京都には室町幕府が存在し、その主宰者として足利将軍家が存在した。応仁・文明の乱以降、幕府による地方支配は形骸化していったものの、幕府管領家の細川家・畠山家の勢力が強かった畿内とその周辺地域については、依然として幕府が統治主体として存在し続けた。

そのため戦国時代における幕府の統治地域は、およそ畿内に相当し、これが「天下」の範囲と認識されるようになった。

この「天下」における下剋上の最初が、三好長慶によるものであった。長慶は天文二十二年（一五五三）八月に、将軍足利義輝を京都から没落させ、近江に追放した。そして摂津国芥川山城《あくたがわやまじょう》（大阪府高槻市）を本拠に、京都を含めた領国を展開し、実質的に「天下」の統治を担った。

しかし足利将軍家の存在を否定し続けることは、いまだ難しく、将軍家とそれを支援する勢力の反撃をうけ、永禄元年（一五五八）十一月、足利義輝と和睦して京都に迎え入れる。けれどもその間の五年間は、京都に将軍が不在の状態が続き、将軍相当の人物も存在せず、そのなかで長慶が事実上の「天下人」として、「天下」の統治を担った。この事実は、後における織田信長による将軍足利義昭の追放、その後における「天下」統治の直接の前例となった。

応仁・文明の乱で、東幕府（足利義政・義尚）と西幕府（足利義視《よしみ》）というように、幕府・将軍家は二つに分裂した。和睦後、元の通りに一つに統一されたが、明応二年（一四九三）の管領家細川政元によるクーデター（明応の政変）を機に再び、将軍家は、足利義澄の系統と足利義稙の系統の二つに分裂し、いずれかが京都をおさえるかたちで抗争が展開された。

さらに明応の政変以降、将軍の補佐役である管領職は細川家のみが就任し、かつ常置ではなくなったが、その細川家も永正四年（一五〇七）の細川政元暗殺を契機に、これも二つに分裂した。また元管領家で細川家に次ぐ幕府の重臣であった畠山家は、そもそも応仁・文明の乱以来、二つに分裂していた。

明応の政変以降の畿内政界は、二つに分裂した将軍家・細川家・畠山家それぞれが、互いに合従連衡を繰り返すかたちで、極めて複雑な様相をみせた。

三好長慶は、元来は細川家嫡流家（京兆《けいちょう》家）の細川晴元の家臣であった。晴元と細川家家督をめぐって抗争していたのが、一族の細川氏綱であった。晴元は将軍家足利義晴・義輝父子を擁していた。長慶は晴元と対立するようになり、晴元に叛乱し、氏綱に味方した。抗争は氏綱・長慶の優勢で決し、長慶は晴元からの自立を遂げた。

そして足利義輝と和睦を成立させるにともない、義輝の御供衆となり、幕府直臣の立場となった。細川家家臣が幕府直臣となりえたのは、長きにおよんで展開されていた畿内の戦乱の結果にほかならなかった。

この戦乱を通じて、長慶は細川家から自立し、畿内に独自の領国を展開するようになった。すなわち畿内において戦国大名として確立したといえる。それにともなって将軍足利義輝とも対立するようになり、ついに義輝を追放し、自ら「天下」統治にあたるのであった。

従来であれば、代わりの将軍を擁立するのが通例であったが、長慶はその方法をとらなかった。これも長慶が、すでに幕府の政治秩序に立脚することなく、戦国大名として、独自の領国支配を展開するようになっていたことによる。

ここから、長慶の登場によって、**畿内を制圧する戦国大名と、足利将軍家を主宰とする幕府との、関係の在り方が問題となる段階に突入した**ことがわかる。

長慶は、一旦は将軍不在での「天下」統治を実現したものの、いまだ幕府を中心にした政治秩序や勢力を完全に排除することはできなかった。しかし畿内に戦国大名による領国支配の展開をみせたことが、足利将軍家に代わる「天下人」を生み出す土壌をなした、とみなすことができよう。

図7-1 三好氏略系図

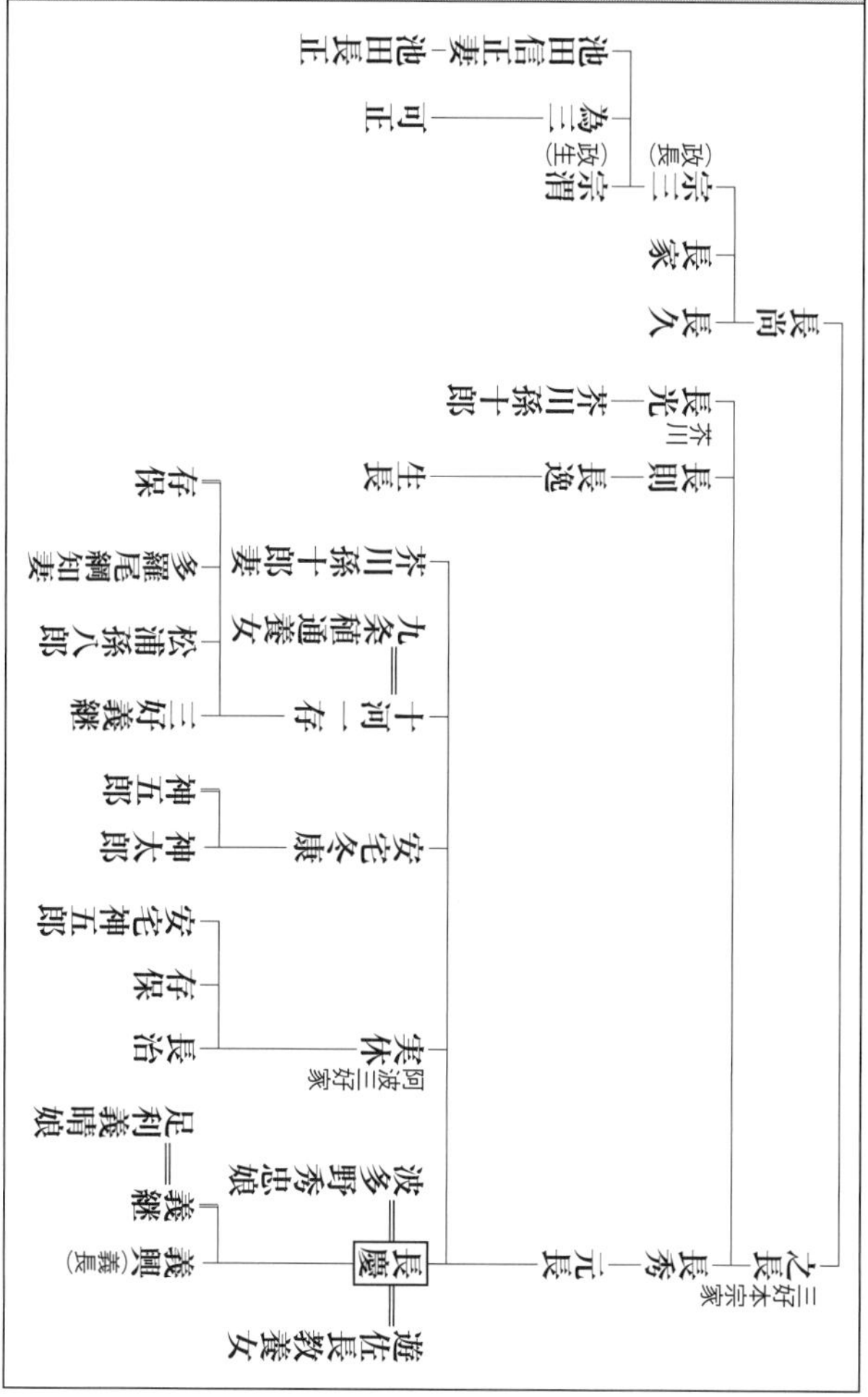

之長（三好本宗家）
長尚
長久
長家
宗三（政長）
宗渭（政生）
為三
可正
池田信正妻
池田長正
長光（芥川）
芥川孫十郎
長則
長逸
生長
長秀
元長
長慶
芥川孫十郎妻
九条稙通養女
十河一存
三好義継
存保
多羅尾綱知妻
松浦孫八郎
安宅冬康
神太郎
神五郎
実休（阿波三好家）
長治
存保
安宅神五郎
波多野秀忠娘
義継
足利義晴娘
義興（義長）
遊佐長教養女

三好長慶と細川京兆家

三好長慶は、大永二年（一五二二）の生まれで、細川京兆家細川晴元の家臣三好元長の嫡男である。元長の祖父之長は、初めは細川京兆家の有力一族の阿波守護細川家の家臣であったが、阿波守護家細川義春の子澄元が、細川京兆家政元の養子になるにともない、それに付き従ったことで、細川京兆家の家臣になった。そのため細川政元の養子澄元の存在がなかったなら、その後の長慶の台頭はみられなかったことになる。

細川京兆家では、政元の家督をめぐって、澄之と澄元の二人の養子のいずれを家督にするかの抗争が生じた。永正四年（一五〇七）に、澄之派の重臣香西元長が政元を暗殺するというクーデターが起こされた。すでに畿内政界でも、主君を暗殺する下剋上行為がみられるようになっていた。

澄之方と澄元方の抗争は、当初は澄之方が優勢であったが、細川家有力一族の野州家の高国や典厩《てんきゅう》家の政賢らが澄元に味方し、澄之を攻撃して自害に追い込んだ。これにより澄元は、将軍足利義澄に出仕して、細川京兆家の当主となった。

しかし同五年に、澄元と高国の対立が生じ、澄元や足利義澄は京都から退去し、高国は周防大内義興と結んで、それに庇護されていた前将軍足利義稙（当時は義尹）を、将軍に復

図7-2 細川氏略系図

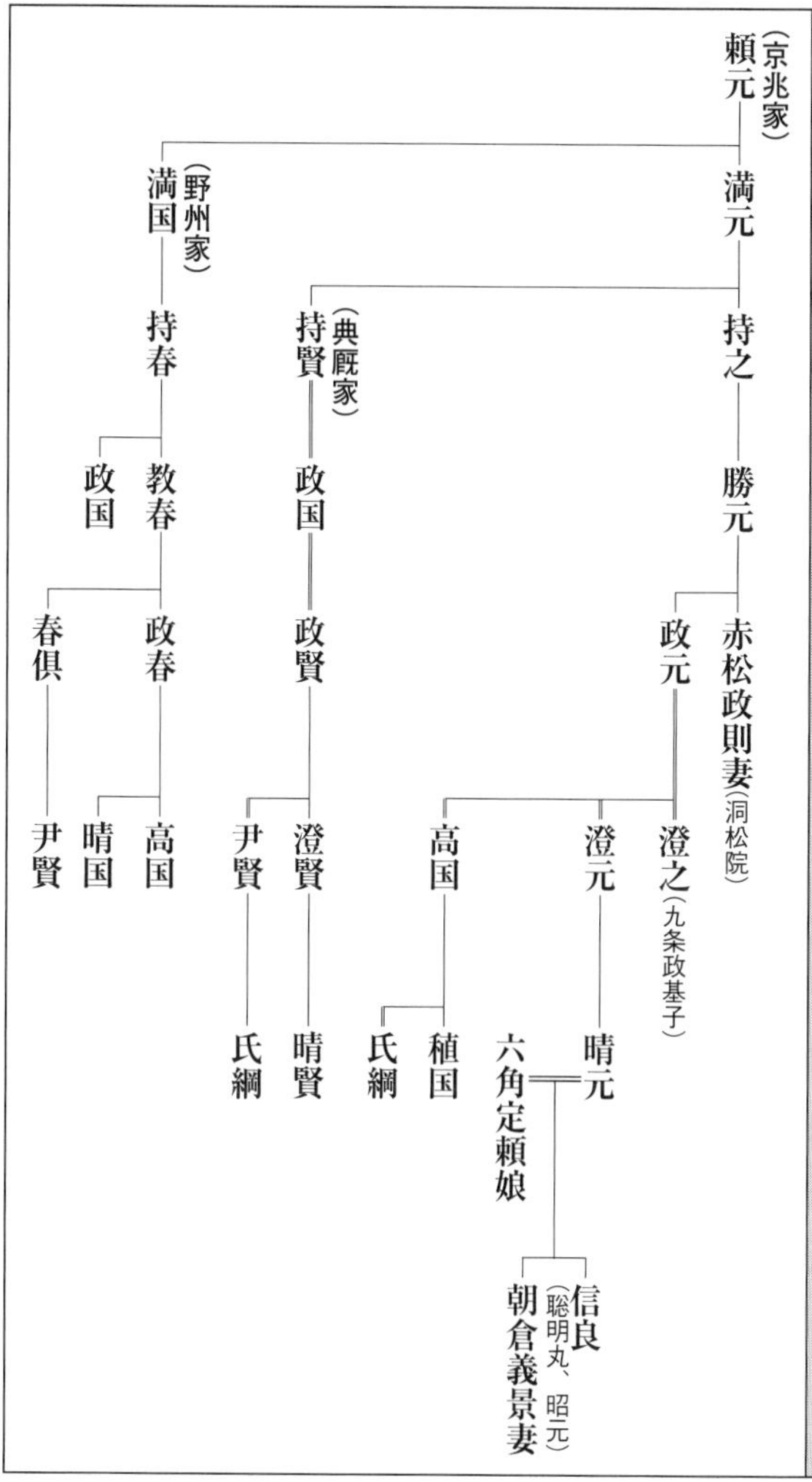

（京兆家）
頼元
満元
持之
勝元
赤松政則妻（洞松院）
政元
澄之（九条政基子）
澄元
晴元
六角定頼娘
信良（聡明丸、昭元）
朝倉義景妻
高国
稙国
氏綱
（典厩家）
持賢
政国
政賢
澄賢
晴賢
尹賢
氏綱
（野州家）
満国
持春
教春
政国
政春
高国
晴国
春倶
尹賢

帰させた。そして自らは細川京兆家の当主となった。

澄元の軍事力の中心を担ったのが、長慶曾祖父の三好之長であった。同六年に京都奪還を図るが敗北し、阿波に退去した。澄元も阿波に退去した。同八年に細川澄元・三好之長らは、反撃のため京都に進軍するが、再び敗北して阿波に退去した。

再度の反撃は同十四年から展開された。同十六年に細川澄元は阿波から摂津国兵庫に上陸し、摂津の経略をすすめた。同十七年に、将軍足利義稙は細川高国を見限り、澄元に細川京兆家家督を認め、山城・摂津・丹波・讃岐・土佐五ヵ国の守護職を与えた。

三好之長はこれをうけて入京したが、高国による反撃をうけ、五月に敗戦し、捕縛されたうえで切腹させられた。翌月には澄元も阿波に退去したうえ、病死してしまった。之長の家督は、その長男長秀はすでに死去していたため、長秀の長男、すなわち之長の嫡孫の元長が継いだ。二十歳であった。翌年から阿波での活動も確認されている。細川高国と対立していた足利義稙は、大永元年（一五二一）に淡路に退去し、これをうけて高国は、前将軍足利義澄の長男義晴を新たに将軍として擁立した。

しかし将軍家・細川京兆家の家督をめぐる抗争はやむことはなかった。義稙はその後は阿波に退去し、大永三年に死去した。その時に、阿波にいた足利義晴の弟義維《よしつな》を養嗣子とした。そして同六年、高国（当時は法名道永）勢力で内部抗争が生じると、澄元の子細川晴元と三好元長は阿波で挙兵し、その先陣は和泉国堺（大阪府堺市）に上陸した。

同七年に晴元方は足利義晴・細川高国らに勝利し、それらを近江に後退させる。それをうけて細川晴元・三好元長は足利義維を擁して堺に上陸した。

足利義晴と細川晴元の和睦

義維は、在堺のまま将軍家後継者の地位を獲得し、以後は「堺公方」と称された。京都支配も行ったため、これを「堺幕府」「堺政権」と称している。その管領にあたったのが細川晴元であった。とはいえ義維は十七歳、晴元は十四歳にすぎなかったので、実質的に補佐したのが、その重臣の三好元長であった。元長とても二十七歳という若さであった。

ところがすぐに政治路線をめぐって、元長と他の重臣との間で対立が生じ、晴元は反対派に味方した。そうして享禄二年（一五二九）に、晴元は、近江に在所していた将軍足利義晴との和睦を成立させ、反対する三好元長は阿波に没落させられた。

同三年から高国の反撃が展開されると、晴元は元長を頼るしかなく、元長に参陣を命じた。元長はそれに応え、同四年畿内に進軍して高国に勝利し、高国を自害に追い込んだ。これにより足利義維・細川晴元政権の条件は整えられたかにみえたが、すぐに内部抗争が生じた。

図7−3 足利家略系図

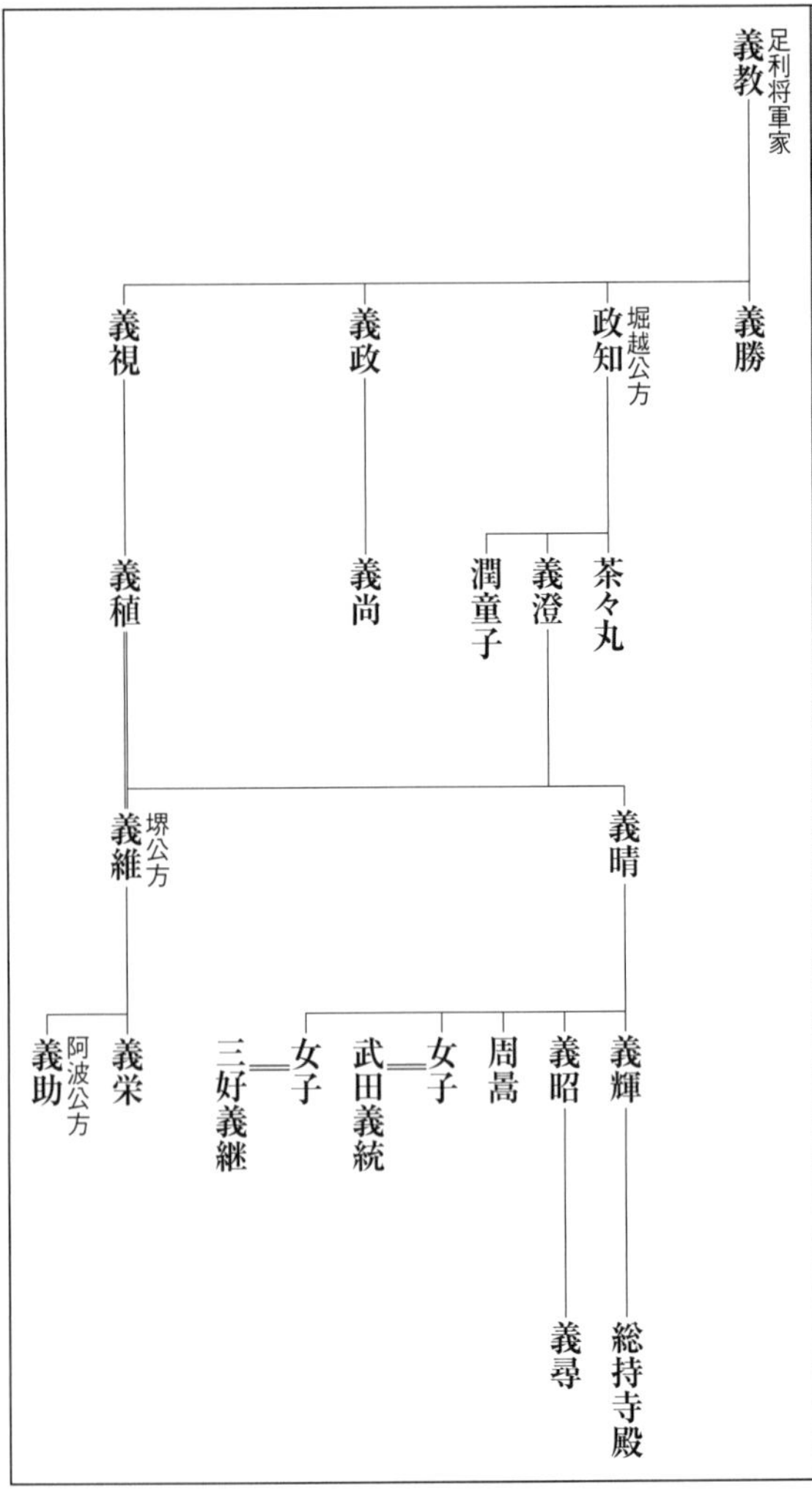
足利将軍家
義教
義勝
堀越公方
政知
義政
義視
茶々丸
義澄
潤童子
義尚
義植
義晴
堺公方
義維
義輝
義昭
周暠
女子
武田義統
女子
三好義継
義栄
阿波公方
義助
総持寺殿
義尋

そして天文元年（一五三二）三月には、晴元は元長成敗を図るようになり、両者の対立は決定的になった。六月に、晴元は山科本願寺に援軍を要請し、本願寺の一揆は堺を攻撃、それにより元長は自害に追い込まれた。三十二歳であった。足利義維も失脚して淡路に没落し、これをうけて足利義晴と細川晴元の和睦が成立した。これによって将軍家はしばらく、義晴の系統に統一されることになる。

長慶の曾祖父之長、父元長は、細川京兆家の内部抗争のなかで、澄元・晴元を支える中心的な役割を果たし、京兆家の最有力重臣の立場を占めるようになっていた。しかし元長は、最後は主君の晴元と対立するにいたり、その攻撃によって自害した。嫡男の長慶はその時、幼名千熊丸を称した十一歳にすぎなかった。

長慶の台頭

長慶は、父元長を細川晴元の攻撃により失ったものの、その翌年の天文二年（一五三三）六月には、幼名のまま晴元の家臣に取り立てられ、敵対関係になっていた晴元と本願寺の和睦を仲介し、成立させている。そうして京都や摂津などで政治活動をみせるようになっている。

同六年に十六歳で元服し、孫次郎利長を名乗った。同八年には軍勢を率いて上洛するなど、その頃には晴元の有力な重臣になっている。そうしたなか晴元の有力な側近であった一族の政長（祖父長秀の従弟）との間で抗争が生じ始め、それは晴元との抗争へと転化した。

利長は摂津を制圧し、上洛して晴元方と抗争した。それに対して足利義晴は軍勢の派遣を検討し、事実上の管領の役割にあった近江六角定頼の周旋により、和睦した。利長はこの時、芥川山城に入城していたが、和睦によって六角定頼に引き渡し、越水城《こしみず》（兵庫県西宮市）に後退したものの、摂津にとどまった。

この時の立場は、事実上の摂津西半国（下郡）の守護代のような立場にあったとみなされており、国人に所領を与えたり、寺社領に段銭を賦課、徴収するなど、独自の領国支配をすすめている。

同九年には実名を範長に改名し、また細川京兆家の重臣で、事実上の丹波国守護代の立場にあったとみなされている波多野秀忠の娘と結婚した。またこの頃には、京兆家の重臣たちも、摂津西部の範長をはじめ、同東部の池田・塩川・伊丹、丹波西部の波多野、同東部の内藤といった存在が、本拠を構えて周辺地域を独自に支配して、国衆として展開するようになっていた。そのためこの頃から、京兆家の動向を左右したのは、従来からの重臣ではなく、このような国衆たちになっていく。

その天文九年には、細川典厩家の細川氏綱（野州家出身で高国従弟の尹賢の子）が旧高国方の政治勢力を継承して、義晴・晴元に対して挙兵し、以後において抗争が展開された。そして範長も、摂津で氏綱方勢力との抗争を展開した。

そこに、晴元の重臣になっていた木沢長政が敵方に味方してきた。木沢長政は、元来は河内畠山義堯《よしたか》の家臣であったが、畿内の戦乱の展開のなかで、細川高国、同晴元と次々に主君を変え、この時には大和国信貴山《しぎさん》城（奈良県平群《へぐり》町）を本拠に、大和西部・山城南部・河内東部にわたる領国の形成をすすめていた存在になる。木沢長政の行動は、足利義晴・細川晴元への叛乱として扱われた。そして同十一年に、畠山家の重臣で河内国守護代の遊佐長教《ながのり》との合戦で戦死し、滅亡した。

図7-4 三好長慶関係図（今谷明・天野忠幸監修『三好長慶』より）

同十四年から、細川氏綱に河内遊佐長教が味方したことで、その攻勢が強まった。同十五年八月、範長は晴元の命をうけて、堺防衛のために同地に進軍する

が、氏綱・長教方の大軍に包囲されたため、退却した。氏綱方は九月に京都を制圧し、晴元は丹波に後退した。これにより、晴元の拠点となっていた芥川山城も氏綱方に攻略された。

範長は、八月に次弟の淡路安宅《あたぎ》冬康《ふゆやす》と三弟の讃岐十河《そごう》一存《かずまさ》、さらに長弟で阿波三好家を継承していた三好実休を相次いで呼び寄せ、何とか晴元方を支えた。この段階において、範長は晴元を支える最有力の存在になっていた。

しかし十二月、将軍足利義晴は晴元を見限り、京都を制圧していた氏綱と結んだ。晴元・範長は追い込まれた。なおその頃に、範長は実名を長慶に改名し、また三好家の歴代官途である筑前守を名乗るようになっている。これが何を契機にしたものであったかは、明らかでない。

これについては、長慶と対立関係にあった晴元側近の三好宗三（政長）・宗渭《そうい》（政生）父子を、晴元が成敗しない場合には、晴元を追討するという家中の評議をうけて改名した、と伝えられている。しかし晴元と対立するのはこれより後であるから、時期が合わないように思う。長慶を取り巻く情勢が劣勢であったなかでのことからすると、むしろ態勢挽回を期す決意をあらわしたのかもしれない。

細川晴元への叛乱

天文十六年（一五四七）二月、長慶は河内畠山在氏《ありうじ》（反遊佐派）らと結んで、細川氏綱方に対して反撃に出る。将軍家足利義晴・義輝（当時は義藤）は山城将軍山城（京都府京都市）に籠城して敵対姿勢を示してきた。そして七月に長慶らは氏綱方に勝利した。

それにより晴元方は摂津での勢力を回復し、義晴・義輝父子は近江に退去した。同十七年四月、足利義晴・義輝を支える近江六角定頼が、氏綱方と晴元方との和睦を斡旋した。それにより長慶は摂津に帰陣、阿波の軍勢も帰国した。またこれをうけて、長慶は遊佐長教の養女を継室に迎えたとみなされている。

ところが細川晴元は戦後処理で躓きをみせた。晴元は氏綱方から帰参した摂津池田信正を自害させ、その家督を、側近の三好宗三の意見を容れて長正に継がせた。池田長正の母は宗三の娘であったから、宗三は池田家当主の外祖父となった。宗三・宗渭父子は池田家の財産を押領し、さらに知行を押領しようとしているとして、池田家一族・家臣が反発し、内紛が生じて、八月に宗三派が追放されるという事態になった。

長慶はこれにつけ込んで、晴元の側近に、晴元による三好宗三父子の成敗を要求した。その際に、三好宗渭が勝手に自陣を引き払ったことをあげて、これは長慶を殺害する企てにあると非難した。要はこれを機に、三好宗三・宗渭父子を失脚させようというものであった。

　ただこれは、長慶にとっては晴元への叛乱を正当化する口実であったとみられている。晴元が最有力の側近であった三好宗三・宗渭父子を成敗することはない、とみていたらしい。長慶は、何かと宗三・宗渭父子と対立していたようで、その追討のためには晴元への叛乱も辞さなかったことからすると、その宿意は相当なものがあったとみてよい。

　そして長慶はそのまま挙兵し、九月には軍事行動を開始した。十二月には河内遊佐長教と起請文を交換して同盟を成立させ、京兆家家督として細川氏綱を擁立した。

　ここに長慶は主君の晴元に対して、公然と叛旗を翻した。政治的枠組みとしては、氏綱・遊佐長教陣営に、長慶が加わったかたちになる。しかしそこには、長慶の弟が率いる阿波・讃岐・淡路の軍勢に、摂津上郡・下郡の細川家家臣、和泉国守護代の松浦家らも加わっていた。これは畿内近国の守護代や国衆たちがこぞって参加したものと評価されている。

　それは国衆たちに、晴元の処置には理不尽なところがあり、それに対して長慶には、池田家の場合のように、国衆の存立を維持する姿勢がみられたことが、長慶への加担としてあらわれたとみなされている。

　同十八年正月、長慶は軍事行動を開始し、三月に三好宗渭の榎並《えなみ》城（大阪府大阪市）への攻撃を開始した。これに対して晴元・三好宗三は丹波から摂津に進軍してきた。そうして摂津東部や和泉で両軍の抗争が展開された。

長慶方は優勢にすすめ、晴元は五月二十八日に摂津三宅城（同茨木市）に、三好宗三は六月十七日に同江口（同大阪市）に陣取った。長慶方は六月二十四日に、江口を攻撃した。合戦は長慶方の勝利で、三好宗三は戦死した。これをうけてその子宗渭は退却、晴元も丹波を経て京都に後退した。さらにそれまでに京都に帰還していた将軍家足利義晴・義輝父子らをともなって近江に没落した。

そして七月九日、長慶は細川氏綱を擁して上洛し、京都を制圧した。長慶家臣は京都近郊の所領を押領し、その支配をすすめていった。その一方で、摂津ではいまだ国衆同士の抗争が続いたが、それも同十九年三月に和睦が成立して、長慶は摂津の制圧を遂げた。

細川家からの自立

天文十九年（一五五〇）二月から、前将軍足利義晴は京都復帰の準備をすすめたが、五月に義晴が近江で死去したため、その動きは一旦頓挫した。七月に将軍足利義輝・細川晴元・六角定頼らは行動を再開し、京都近郊に進軍してきた。長慶方はそれらを迎撃した。

攻防は十月まで続いたが、長慶の重臣松永久秀の弟長頼が近江まで進軍したことで、足利義輝は京都近郊から退去し、近江堅田《かたた》（滋賀県大津市）に後退した。同二十年正月、義輝に従っていた幕府政所頭人（長官）の伊勢貞孝らが義輝を見限り、京都に帰還してきた。

二月に長慶は近江に軍勢を派遣したが、足利義輝は朽木《くつき》（同高島市）に後退した。さらに細川晴元・六角定頼も後退した。とはいえ、その後も近江・山城で攻防が繰り広げられた。

同年三月七日、長慶は京都で、義輝から離叛した伊勢貞孝を招待し饗応したが、その夜、少数の軍勢が忍び入り放火しようとしていたのを捕縛した。さらに十四日、長慶が伊勢邸に招待された時に、伊勢貞孝とともに京都に帰還した進士賢光に三度にわたり切りつけられるという事件が起きた。

長慶は二刀目で負傷したが、無事で、長慶暗殺に失敗した進士は自害した。この二度におよぶ長慶暗殺未遂事件は、足利義輝の策略とみなされている。七月になって、晴元方の軍勢が京都近郊に進軍してきた。長慶方は、松永久秀・長頼兄弟が京都相国寺《しょうこく》で迎撃した。その後も九月・十月と戦争状態が続いていた。このように長慶と晴元方との攻防は、依然として繰り返される状態にあった。

ところが同二十一年正月に、足利義輝・細川晴元方の有力者の六角定頼が死去したことで、状況は変化した。定頼の家督を継いだ義賢は、義輝と長慶の和睦を周旋し、成立させた。義輝は朽木を出発し、京都に帰還した。また晴元の嫡男聡明丸（のち昭元）も京都に帰還した。

これによって足利義輝は、京都への復帰を果たした。そして細川氏綱を細川京兆家の家督として認めた。対して晴元は、出家して若狭《わかさ》に没落した。これにより細川京兆家は、政元暗殺以来続いていた、二つに分裂していた状態は解消され、ようやく一本化された。

そして長慶はといえば、二月に義輝から御供衆に任じられる。これは幕府直臣の立場になったことを意味する。ここに長慶は、細川京兆家の家臣という立場を脱して、幕府直臣の立場に上昇をみた。長慶は、細川京兆家の一方の当主の晴元の重臣という立場から出発し、晴元に叛乱して自立化をすすめるが、京兆家のもう一方の当主の氏綱を推戴したように、いまだ名目的には、京兆家の重臣という立場に位置していた。しかし将軍家御供衆に任じられたことで、ようやく細川家家臣の立場からの自立を果たした。

これが可能であったのは、長慶が畿内近国における戦乱のなかで、主家の晴元や氏綱の動向を左右するほどの、実力者としての立場を確立したからであった。そもそも義輝の帰京も、長慶との和睦によって実現したように、長慶こそが畿内近国における政界の主導者になっていた。将軍家御供衆の地位は、そうした長慶の立場を、あらためて幕府秩序のなかに位置付ける手段であった。

とはいえ御供衆の地位は、実際の長慶の実力と比べれば、それに相当する高さにあるとはいえない。しかし家格秩序の改編においては、一定の段取りが不可欠であった。長慶の御供衆化は、幕府中枢におけるその出発点になった。そして同二十二年三月には従四位下に叙され、細川晴元・氏綱という細川京兆家当主と同格にされる。

将軍を追放する

しかし長慶をめぐる情勢は、必ずしも安定しなかった。将軍足利義輝の近臣のなかには、細川晴元を支援するものが少なくなかった。そのため、晴元に従う細川京兆家重臣の叛乱やそれに応じる勢力も絶えなかった。

天文二十二年(一五五三)閏正月、長慶が上洛すると長慶暗殺の噂が広まり、長慶と義輝は互いに軍備を固めた。二月、長慶と足利義輝は和解した。これに対して細川晴元が京都に進軍してきた。そのため長慶と義輝の和平は続かず、三月に義輝は、晴元派の近臣に引きずられて、長慶への敵対姿勢を取り、七月に細川晴元を赦免したことで、その決裂は決定的となる。

長慶はこれをうけて八月、大軍を率いて上洛し、義輝方の拠点を攻略した。義輝・晴元は、丹波を経て近江に没落し、やがて近江朽木に在所した。これをうけ長慶は、義輝に従うものは公家・武家にかかわらず、その所領を没収することを宣言した。そのため義輝に従うものは四十人余りに減るのである。

長慶はその後、摂津の晴元方の平定をすすめ、芥川山城に入城し、これを本拠とした。そして京兆家領国を含めた「天下」の統治については、長慶が主導した。けれども長慶は、京兆家当主として細川氏綱を擁立し続け、また晴元の嫡男聡明丸を庇護し続けていた。そのため決して、京兆家を排除してはいない。

また足利将軍家を推戴する姿勢もみせていて、阿波在国の足利義維に上洛を促している。しかしこれは足利義維に拒否された。同年六月に、長慶の実弟で事実上の阿波国守護代の三好実休が、晴元に味方した主君の細川持隆を討ち取る事態がみられていた。実休は持隆の子真之を庇護していくから、これは実休による主君すげ替えの下剋上といえる。足利義維が長慶の要請を拒否したのは、そうした長慶方の行為を不安に感じたためとみなされている。長慶は、足利将軍家の推戴を否定していたのではなかったが、義維から拒否されたことで、敵対する義輝以外に、将軍家たりうる存在はいなくなったのも事実であった。

そのため長慶は、芥川山城に在城しつつ、将軍家不在のなか「天下」統治にあたることになる。すでに長慶は、同二十二年七月に、足利義輝追討のために上洛する直前の時期から、在地の相論や領主の所領相論の裁定を求められるようになっていて、これらに長慶は、細川氏綱の関与をうけることなく、独自の判断で裁定するようになっていた。これは**長慶が事実上、「天下」の統治を担うようになった**ことを意味する。

従来であれば将軍家や細川京兆家に要請されていたことであったが、それらに実際に裁定を行い、政治秩序を維持する実力がなくなっていたため、実質的に畿内近国の実力者となっていた長慶に求められたのである。なかには朽木の足利義輝に持ち込まれ、義輝が裁許したものについて、それを否定することもあったことが知られている。

長慶の政治的影響力は、京兆家領国や同盟勢力以外にもおよぶようになった。天文二十三年からは、播磨赤松家の内乱に支援を要請され、介入するようになっている。弘治元年（一五五五）には、遠国を舞台にしての宗教権門がらみの相論裁許を要請されるようになっている。

さらに朝廷の保護も担うようになり、同年には禁裏御料所の回復を、同二年には禁裏修築を直接に命じられている。同三年には朝廷行事をめぐる寺社の相論への裁許も求められている。足利義輝を追放してから、京都での将軍不在、幕府による統治が停止されて数年が経つようになると、**朝廷も長慶の「天下」統治に依存するようになっていた**。

こうした事態になったことに、長慶はどのように思ったであろうか。その心情を伝えてくれるような史料は、いまのところはみられないようである。成り行きで「天下」統治までも担うようになってしまい、戸惑いは生じなかったのであろうか。逆に、意気揚々としたのであろうか。実際にはどうであったのか、ぜひ知りたいところである。

将軍の反撃とそれへの妥協

永禄元年(一五五八)二月、長慶は芥川山城で細川聡明丸を元服させて、六郎を称させた。推戴する京兆家当主氏綱には子がいなかったため、長慶はこの六郎を次期当主に据えようとしていたとみられている。ここからも長慶が、細川京兆家を排除しようとはしていなかったことがわかる。

続けて正親町天皇の践祚にともなって、元号が永禄に改元された。改元は本来は朝廷と幕府との協議ですすめられるものであったが、この時は朝廷と長慶の協議ですすめられた。また同時期に、美濃の戦国大名一色(斎藤)義龍が、もと幕府政所頭人の伊勢貞孝を通じて、朝廷から治部大輔に任じられた。これも本来は、幕府を通じて行われるものであった。

偶然にも、同じ時期に、幕府を無視する重要な行為が相次いで行われた。朝廷の保護や諸大名への身分統制は、幕府の存在意義に関わるものであった。それらが幕府を無視して行われ続けば、それは幕府の事実上の消滅につながりかねなかった。

足利義輝はこれらの事態に強い危機感を抱いたとみえ、五月に挙兵し、京都への復帰を図った。義輝は六角義賢《よしかた》らの支援を得て、六月に京都近郊に進軍し、長慶方と交戦した。京都近郊での合戦は長慶方の優位であったが、義輝方は丹波・紀伊の反長慶派を糾合し、抗争は広範囲に拡大した。七月には六角義賢の斡旋で長慶と義輝の和睦がすすめられ、ようやく十一月に和睦が成立し、義輝は京都に帰還した。こうして将軍不在のなかでの長慶の「天下」統治は、わずか五年で終了した。

義輝の京都復帰によって、幕府は一応の復活をみた。しかし長慶による領国支配も継続された。しかもその領国は、逆に拡大をすすめていた。河内畠山家の内乱への介入、続く畠山家との抗争を通じて、河内・和泉・大和を平定した。晴元方との抗争でも、丹波を平定した。

さらに丹後・若狭に進出し、若狭をめぐっての若狭武田家・越前朝倉家との抗争、近江をめぐっての近江六角家との抗争、讃岐・伊予をめぐっての安芸毛利家らとの抗争がみられていった。その領国は畿内近国の大半にわたるとともに、それまでの畿内における武家の内部抗争にともなうものにとどまらず、周辺戦国大名との抗争がみられるようになっている。畿内近国においても、戦国大名同士による抗争が顕著になってきている。

それとともに、長慶はその家格を大きく上昇させている。同二年に、長慶の嫡男孫次郎

（この時の実名は不明）は、足利義輝から義字の偏諱をうけて義長（のち義興）に改名した。おそらくはそれと同時期に、長慶自身も、将軍家相伴衆に任じられた。

それをうけて同三年に長慶は修理大夫に、義長は三好家歴代官途の筑前守に任じられ、続けて義長と有力家老の松永久秀が将軍家御供衆に任じられた。さらに同四年には、義長・三好実休が相伴衆に、義長・松永久秀が従四位下に任じられ、長慶・義長・松永は「御紋（桐紋）拝領」された。これらのことは、三好家が有力戦国大名の家格にのぼったことを意味する。それだけでなく、最有力の戦国大名として位置したことを示している。

公家や諸大名からの非難

こうして長慶は、将軍足利義輝を推戴するにともなって、「天下」統治の主導を実質的に継続するとともに、三好家領国の拡大をすすめ、さらに畿内の武家としては将軍家に次ぐ家格を獲得するのである。このことは、実力によって形成した政治権力を、将軍家を中核にした既存の政治秩序で表現しようとするものであったが、他方でそれについて、公家や諸大名からは、身分秩序を乱す行為として非難されてもいるので、そこには埋めることのできない矛盾が生じていた。

永禄五年になると、三好家と畠山高政・六角義賢ら反三好勢力との抗争が激しくなり、長慶の本拠飯盛山城が包囲されるなど、劣勢をみせるようになった。そうしたなかで起きたのが、教興寺（大阪府八尾市）合戦であり、そこでは足利義輝は反対勢力と結ぶようになっている。合戦は三好方が勝利し、畿内近国の確保を遂げるが、再び三好家と足利義輝の政治的緊張が生まれるようになった。

さらには三好家における内部矛盾も生じていき、同七年五月、長慶は弟の安宅冬康を殺害してしまう。すでに三好実休・十河一存の二人の弟は死去していた。前年に嫡男義興（もと義長）が死去していて、この時には、一存の子義継（初め重存）を新たな嫡男に迎えていた。一族内で矛盾が生じるようになっていたことがうかがわれる。

長慶は、それらの矛盾解決にいたらないまま、同年七月四日、飯盛山城で死去した。四十三歳であった。

長慶死去から一年も経たない同八年五月、三好家と足利義輝の政治的緊張は頂点に達し、三好義継による義輝殺害事件が起きる。これにより幕府は、再び崩壊する。しかしこの後、三好家では内部分裂を生じさせ、それが反三好勢力の形成を促し、また将軍家の復活をもたらした。

その帰結が、三年後の同十一年における、将軍足利義昭の成立と織田信長の台頭である。けれども三好家の内部分裂がなかったら、その後の展開はどうなったかはわからない。それでも間違いなく言えるのは、三好長慶が、将軍不在の状況のなかでも、畿内近国で領国支配を展開したことで、「天下」統治において幕府はもはやかつてのようには機能しえないことが明確になったことであろう。

「天下」統治がもたらしたもの

長慶の下剋上は、本来は主人細川晴元との対立から生じたものであった。ところが畿内近国における幕府勢力の抗争と不可分であったため、その抗争の果てに将軍足利義輝と直接に対立する構図になり、さらには義輝を追放することになってしまった、といえる。

すでに畿内政治史では、明応の政変以来、将軍を京都から追放する行為は繰り返し行われていたから、そのこと自体は珍しくはなかった。しかしそれまでは、二つの将軍家が存在していて、いずれかを擁するかたちがとられていた。

長慶も、もう一方の将軍家の擁立をすすめたのであったが、肝心の足利義維から断られてしまった。そのため長慶は、好むと好まざるとにかかわらず、自力で「天下」統治にあたることになってしまったといえる。

長慶の「天下」統治はわずか五年にすぎなかった。しかしたとえ五年にすぎなかったとしても、将軍が不在のなかで他者が「天下」統治を実現したことの、のちに与えた影響は計り知れないものがあった、といわざるをえない。

これがなければ、織田信長が将軍足利義昭を追放したのちに自ら「天下人」となって、「天下」統治を担う事態は、決して生まれることはなかったであろう。そしてこれによって、**「天下」を統治する「天下人」は、それに相応しい器量が求められることになり、特定の家系による世襲という観念は、相対化され**ることになった。この観念こそ、これから江戸幕府の成立にいたるまで、「天下人」の変遷をもたらす根源をなすのであった。

第八章　織田信長から秀吉・家康へ

——下剋上の連続により、名実ともに「天下人」の地位を確立

織田信長

究極の下剋上

織田信長は、室町幕府足利将軍家に取って代わって「天下人」になったことで知られる。いうまでもなくそのことは、足利将軍家に対する下剋上であった。信長の下剋上については、その後の「天下人」としての行動、さらには諸国の戦国大名を服属あるいは滅亡させて「天下一統」をすすめたことに関心が集められているため、あまり意識的に認識されていないように思われる。しかし信長の身上がりこそ、典型的な下剋上の連続であった。

織田信長は、尾張国守護を継承する斯波家の重臣で守護代を継承する清須織田家の重臣という立場から出発した。国主斯波家からすれば陪臣にあたる。とはいえ父信秀の段階で、尾張における有力な武家勢力に成長していて、事実上は尾張の政治勢力を代表する存在になっていた。しかしながら清須織田家や国主斯波家との主従関係が完全に解消されていたか、といえば決してそうではなかった。

信長は、国内の有力な織田家一族を相次いで滅亡させていくことで、尾張一国の平定を遂げるが、それは本家の清須織田家を滅亡させ、国主斯波家を国外追放することによって遂げられたものであり、まさしく下剋上に他ならない。

その性格は、主君の国主を国外追放した尼子経久や斎藤利政（道三）、国主の政治勢力を国外に追いやった朝倉孝景などと、全く変わるところはない。そうして信長は尾張の戦国大名の立場を確立する。しかしその一方で、幕府の政治秩序においては、「斯波家の代官」とみなされてもいた。

信長がその立場を克服するのは、永禄十一年（一五六八）に足利義昭を奉じて入京し、義昭を将軍職に就けて幕府を再興したことによる。信長は将軍家の補佐役としての立場を確立させ、幕府が存在した一方で、実質的な「天下」統治を展開したのであった。

そして足利義昭との政治対立の結果、天正元年（一五七三）に、足利義昭が挙兵し、これを鎮圧して義昭を畿内から追放し、自らが「天下」統治を主宰していくことになる。この状況は、三好長慶の場合と同様と認識される。

とはいえ信長も、当初は将軍家の完全追放を考えていたわけではなかった。義昭の子（のち義尋）を将軍家の後継に構想していた。しかし結果として、この構想は実現をみなかった。

この点も、足利義輝の追放後に、足利義維を擁立しようとしたものの、果たせなかった三好長慶の場合と変わらない。将軍家不在のなかで、信長による「天下」統治はすすめられ、さらには諸国の戦国大名を服属あるいは滅亡させて「天下一統」がすすめられた。

長慶との最大の違いは、信長は天正三年に、**朝廷から、従三位・権大納言に叙任されて、足利将軍家と同等の身分を獲得し、それにより名実ともに「天下人」の地位を確立した**ことにある。さらにはその後も七年におよんで、「天下」統治を継続したことで、その立場を不動にしたことにある。

将軍家を追放し、幕府を消滅させて、「天下」統治を主宰したということでは、三好長慶と織田信長は同様であったが、信長はそれを十年におよんで継続したために、足利将軍家に代わる「天下人」の地位を確立したのである。

以下、信長の下剋上の様相を具体的にみていくことにしよう。

清須織田家の克服

織田信長は、天文三年（一五三四）の生まれで、尾張清須織田大和守家の有力庶家で重臣の勝幡城主織田信秀（弾正忠家）の嫡男である。尾張国守護は幕府管領家の斯波家で、文明十五年（一四八三）以来、在国していた。

守護代は織田家で、応仁・文明の乱で斯波家が分裂したのにともなって、岩倉城（愛知県岩倉市）の伊勢守家と清須城（同清須市）の大和守家の二家に分裂していた。信秀が活躍した時期には、すでにそれらの任命はみられなくなっていたが、その家格とそれによる政

図8-1 織田氏略系図

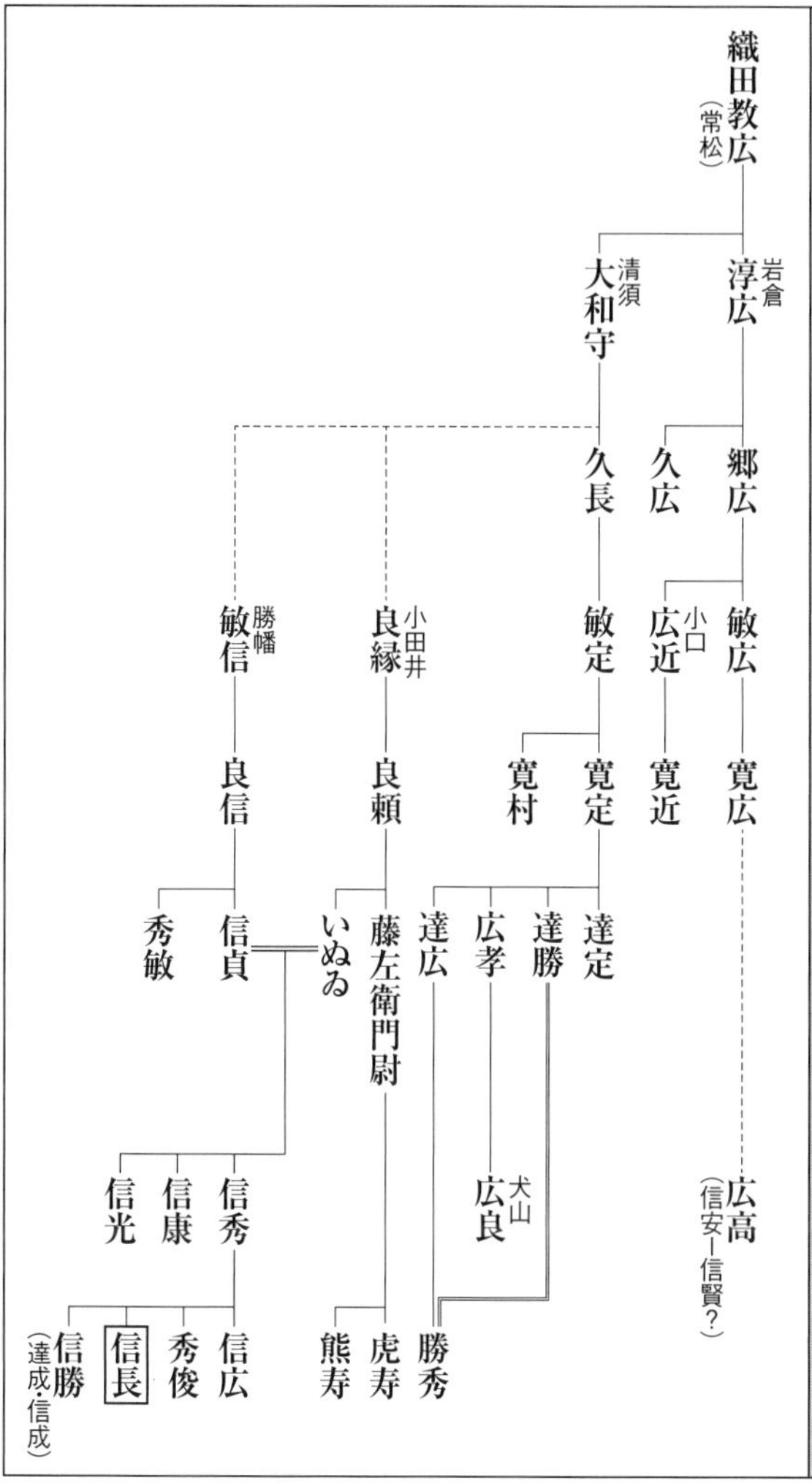

織田教広（常松）
岩倉
淳広
清須
大和守
郷広
久広
久長
敏広
小口
広近
敏定
小田井
良縁
勝幡
敏信
寛広
寛近
寛定
寛村
良頼
良信
達定
達勝
広孝
達広
藤左衛門尉
いぬゐ
信貞
秀敏
広高（信安―信賢？）
犬山
広良
信秀
信康
信光
勝秀
虎寿
熊寿
信広
秀俊
信長
信勝（達成・信成）

治秩序は維持されていた。

　信秀は、天文元年から大和守家の主導権をめぐって、同様の立場にあった織田藤左衛門尉家との抗争をすすめ、同七年頃には、那古野今川家を滅亡させて、居城を那古野城（愛知県名古屋市）に移し、さらに藤左衛門尉方を攻略して、古渡城（同）を本拠にした。そうして大和守家においてだけでなく、尾張での主導権を確立した。

　同時に三河松平家と抗争して、三河西部・尾張東部をめぐって攻防し、美濃土岐家の内部抗争に介入して、土岐頼芸を擁する斎藤利政（道三）と抗争し、美濃侵攻を展開した。信秀はこうした対外勢力との抗争の展開を通じて、尾張南部一帯を領国化し、大和守家から自立した国衆に成長していった。

　同十七年に、斎藤道三は三河松平広忠や織田大和守家を味方につけ、信秀に対抗させた。ここに信秀は大和守家と敵対関係になったが、これはむしろ大和守家から敵対してきたものになる。しかし大和守家に古渡城を攻撃されたため、信秀は末森城（愛知県名古屋市）に本拠を移した。

　この劣勢の挽回のために、信秀は嫡男信長と斎藤道三の娘（いわゆる帰蝶・濃姫）との結婚を成立させ、同盟関係を形成した。他方で三河松平家が、駿河・遠江の戦国大名今川義元に従属したことで、三河西部をめぐっては今川家との抗争となった。

信長は信秀の三男（兄に信広・秀俊）であったが、嫡出のため嫡男になったとみられている。信秀が那古野城から古渡城に移ったのにともない、那古野城を譲られ在城した。同十五年に十三歳で元服し、同十八年から信秀の嫡男としてその家政に参加するようになっている。

しかし信秀が病態になったため、同二十年から末森城では同母弟の信勝（のち達成・信成）が活動を開始し、織田弾正忠家は信長・信勝が両立する態勢がとられた。そして同二十一年三月、信秀は死去し、信長が家督を継承した。十九歳であった。しかし信勝との両立態勢は解消されなかった。

今川方の勢力が尾張東部におよんでくると、大和守家（彦五郎、のち大和守勝秀か）が公然と敵対してきた。織田彦五郎は同二十二年七月に、守護家の斯波義統《よしむね》（義達の子）を清須城内で殺害した。斯波家当主は大和守家に擁されていたが、尾張での問題の対処をめぐり対立が生じ、それによるものらしい。これは彦五郎による明確な主殺しであった。

これに対して信長は、十四歳の斯波義統の子岩竜丸（のち義銀・義近）を庇護し、同二十三年に大和守家を滅亡させた。斯波岩竜丸を推戴して清須城に入り、元服させて義銀を名乗らせたとされ、同城を本拠にした。

これによって信長は、守護家当主の斯波義銀を推戴し、守護代の地位にあった織田大和守家を滅亡させ、それに取って代わるものとなった。すでに信長の弾正忠家は、大和守家からは自立した国衆として確立をみていたといえるが、その行為は明確な下剋上といえる。

斯波家追放による国主化

この段階での信長は、守護家当主を傀儡化し、領国支配を主宰する存在にあった。周防大内家における陶晴賢、近江京極家における浅井家などの場合と同様といえる。その後は、弾正忠家の家督をめぐって弟信勝と、それと連携した守護代を継承する伊勢守家との抗争がみられた。

信勝は、「弾正忠達成」を称しており、弾正忠家の当主と大和守家重臣（達字は大和守家の通字）を標榜したとみなされている。しかし信長は、弘治二年（一五五六）八月の合戦に勝利し、信勝を屈服させた。

同三年四月、三河支配をめぐり抗争を続けていた今川義元と和睦が成立する。それに際して信長は、主君筋の斯波義銀を、今川義元は本家筋の三河西条吉良義昭（今川氏は吉良氏の庶流）をそれぞれ擁して、名目的には尾張斯波家と三河吉良家による和睦という体裁がとられた。実質的には信長と今川義元の和睦であることは明白であったが、名目的には尾張国主と三河国主によるものとされた。

しかもその際に、信長は斯波義銀を国主として推戴し、清須城の中心を譲り、自身は北屋敷へ隠居したことが伝えられている。信長が主君筋の斯波家を、政治的に活用していたことを示す、典型的な事柄といえる。

しかし信長の隠居は、いうまでもなく政治表現にすぎず、今川家との和睦をうけて、国内の対抗勢力の掃討をすすめた。まず伊勢守家との抗争をすすめ、永禄元年（一五五八）十月頃に、伊勢守家を岩倉城から没落させた。十一月には弟信勝（当時は信成）を清須城に招き寄せて殺害した。

これにより信長は、大和守家に続いてもう一つの守護代家の伊勢守家を没落させて、織田家一族の頂点に位置するとともに、弟信勝を滅亡させて、弾正忠家の内部抗争に決着をつけた。こうして信長は、尾張北端部の犬山領織田家を除き、尾張のほとんどの領国化を遂げた。

これらをうけて行ったのが、国主の斯波義銀の追放である。これまでは『信長公記』の記述位置から、永禄四年頃のこととみなされていたが、今川家との和睦に続いての事態であることから、それよりしばらくあとのこととみなされるようになっている。正確な時期は判明していないが、伊勢守家の滅亡、弟信勝の滅亡頃のこととみなされている。

国主の追放ということからすると、それらにより国内での覇権を確立したことをうけ

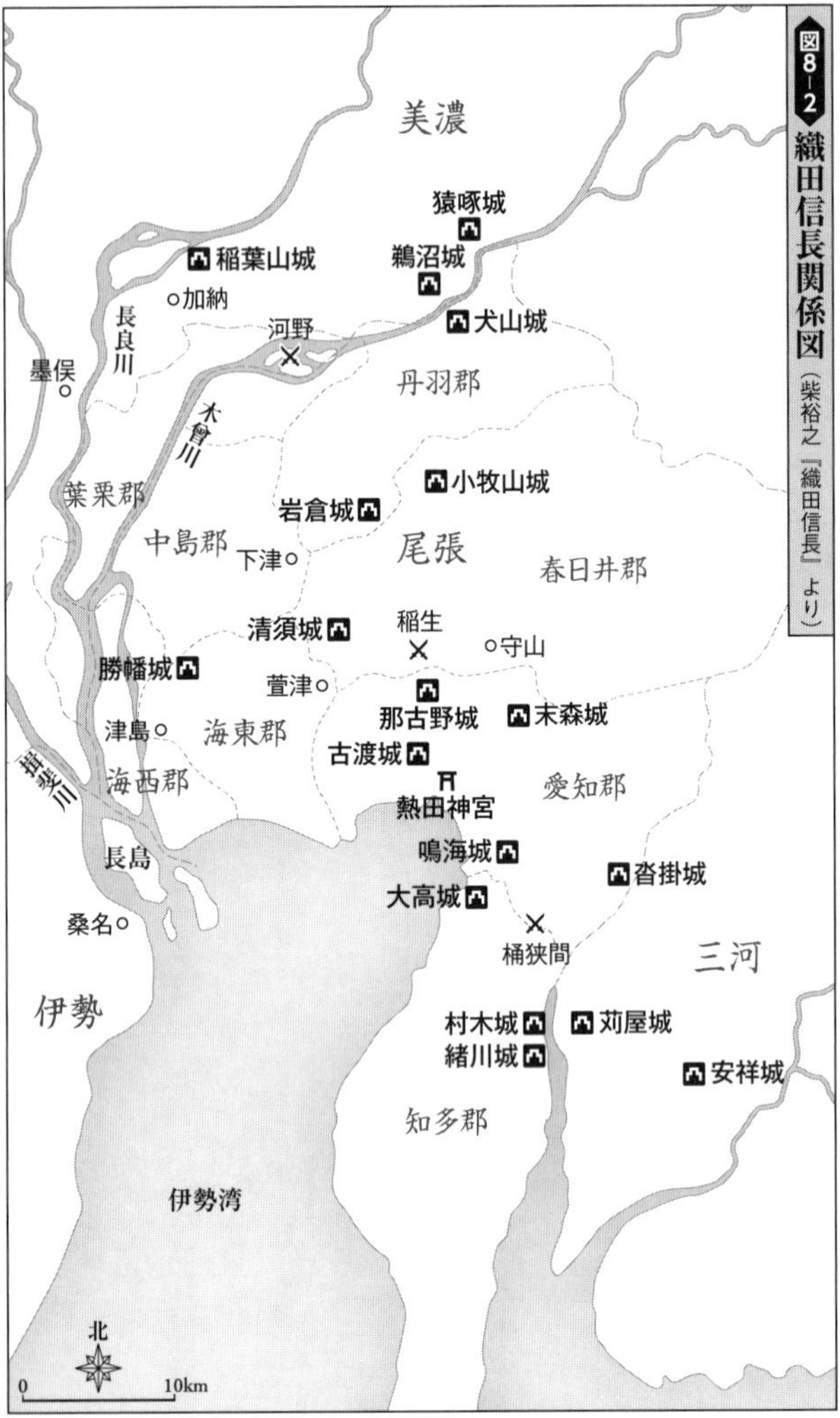

図8-2 織田信長関係図（柴裕之『織田信長』より）

て、その総仕上げの意味で行われたとも考えられる。

信長は、主家の大和守家との抗争に際し、国主斯波家を推戴し、それに勝利した。今川家との和睦では、斯波家の名義で行い、その後は名目とはいえ国主に推戴して自身は隠居するという体裁をとっていた。

国内の有力な織田家一族との抗争をすすめるうえで、国主斯波家の権威を利用していたが、それら対抗勢力を掃討し、事実上、尾張一国の領国化を遂げると、国主は不要として、敵方内通を理由に追放したのであった。これもまさしく国主追放という下剋上にほかならない。

もっとも信長にとって斯波家は、主家の清須織田家（大和守家）に対抗するために、一時的に担ぎ出したにすぎなかったし、すでにそれ以前から、国内の最有力勢力として、独自の軍事・外交活動を行っていた。信長にとって、そうした上位の家系に対して、直接に主従関係にあったわけではなかった。

斯波家の推戴は、信長であっても、当時の身分秩序認識を踏まえていたことを意味する。しかしその一方で、それは良好な関係が維持できる限りのことであった。そうでない状況になれば、自らの領国支配を優先して、簡単に追放することを厭わなかった、ということがうかがわれよう。

そして信長は、翌同二年二月に上洛し、将軍足利義輝への謁見を遂げて、将軍から尾張国主の地位の承認を獲得した。足利義輝の在京は、ちょうど前年末からのことであったから、絶妙なタイミングといっていい。

国内統一をほぼ果たし、国主斯波家を追放したと同時期に、足利義輝の帰京があった。信長はその機を逃さず、将軍から自身の政治的地位の承認を獲得することで、事実上の尾張国主の地位を、間髪を容れることなく、幕府の政治秩序に反映させることに成功させたのであった。

将軍足利義昭の追放

こうして信長は、尾張国主として、戦国大名としての地位を確立することになった。その後は尾張東部の領国化をめぐって今川家との抗争や、尾張北端部・美濃の領国化をめぐって美濃一色（斎藤）家との抗争を展開するが、いずれもそれらと対等の国主として行われた。

そして永禄四年（一五六一）二月頃に三河国衆の松平元康（のち徳川家康）と同盟することで、今川家との抗争に区切りをつけ、同八年初めに、犬山織田広良（大和守家の庶家）を滅亡させて、尾張一国の平定を遂げる。

さらに同十年八月、美濃一色義棟（いわゆる斎藤龍興）を滅亡させて、美濃一国の経略を遂げ、本拠を岐阜城（岐阜県岐阜市、もと稲葉山城）に移して、美濃・尾張二ヵ国の戦国大名に成長した。

同十一年九月、将軍家後継候補の足利義昭を擁立して上洛戦を開始し、近江六角家を滅亡させ、入京した。十月には、山城・摂津・河内・大和を制圧し、足利義昭は将軍に任官して幕府は再興された。信長は近江南部を領国化したものの、畿内近国については幕府の管轄とした。

足利義昭は信長の幕府への位置付けを図り、副将軍か管領の地位を与えようとしたが、信長は拒否した。それではと御紋（桐紋・引両）の使用許可と、斯波家の家督を与えようとしたが、信長は斯波家家督については拒否し、御紋だけを拝領した。

これらのことから、**信長が幕府内部に位置付くことについては、明確に嫌っていた**ことがわかる。これについてかつては、「天下」の実権掌握を狙っていたため、足利義昭政権の内部に位置付けられるのを嫌った、と理解されることが多かったが、現在では、「天下」統治は将軍足利義昭の管轄であり、自身は美濃・尾張・近江の戦国大名として、それを支える立場を選択した、とみなされるようになっている。

信長の存立基盤は、あくまでも領国を統治する戦国大名にあった。「天下」統治は、足利将軍家が果たすべきことであり、信長はあくまでもそれを補佐する、という姿勢をとった。「天下」統治を担ってしまっては、戦国大名としての領国統治に十分にあたれなくなり、それでは自己の存立基盤を失いかねないことが明白であったからであろう。

独力で「天下」統治へ

しかし実際には、京都支配をはじめ、領主支配をめぐる問題に対処せざるをえなかった。朝廷・公家は信長を実力者として認識し、相論などの解決を信長にも求めた。それにより幕府の「天下」統治と、信長による実効支配が併存するかたちとなった。

このことが次第に、信長と足利義昭近臣との間に政治対立を生じさせることになる。これはかつての三好長慶と足利義輝の場合と同様といえ、「天下」統治での幕府と戦国大名との併存は、本質的には相容れない事態であったことがわかる。

信長と足利義昭との「天下」の共同統治は、元亀三年（一五七二）まで何とか四年間は継続したものの、天正元年（一五七三）二月に、将軍足利義昭の蜂起によって決裂する。そもその切っ掛けは、元亀元年、若狭武田家の内部抗争をめぐって足利義昭・信長が越前朝倉家攻めを行ったことにある。朝倉家に近江北部の浅井家、延暦寺が味方し、これにあわせて三好三人衆の反攻が展開され、摂津大坂本願寺がこれに味方したことで、畿内近国で一気に争乱が深まったことにある。

そして元亀三年十月、これに甲斐武田信玄が加わって、徳川家康の領国の遠江・三河、信長の領国の美濃東部に侵攻してきたことで、信長の政治勢力は危機的状況に陥るものとなった。

それをうけて足利義昭は、反信長の近臣の意見を容れ、信長に対して挙兵した。信長は天正元年三月に入京し、義昭に翻意を促した。そして正親町天皇の斡旋によって四月に和睦が成立した。しかし義昭は信長の劣勢と観測して、七月に山城国槙島城（京都府宇治市）で再び蜂起した。

信長はすぐにこれを攻略し、義昭の二歳の子（のち義尋）を人質にとって、義昭を河内に追放した。これによって室町幕府は事実上、滅亡し、以後は信長が独力によって「天下」統治をすすめるものとなる。

とはいえ信長も、当初は足利将軍家の存続を構想していたらしい。義昭はその後、安芸毛利輝元を頼って帰京を図り、毛利輝元がそのことを信長に働きかけると、信長はそれに同意している。そのうえで毛利家には、義昭の子への挨拶を求めている。これは将軍家後継候補として位置付けていたことをうかがわせる。

そして翌同二年正月には、信長は義昭に帰京を促してもいる。しかしこの時は、義昭から信長に人質の提出を求め、これを交渉担当の家老の羽柴秀吉が拒否したことで、交渉は決裂した。そうして将軍不在のまま、信長による「天下」統治が続けられることになる。将軍復帰を断念した信長は、同三年に自ら従三位・権大納言という将軍相当の政治的地位について、「天下人」となるのであった。

さらにこれをうけて信長は、戦国大名織田家の家督を嫡男信忠に譲り、自らは「天下人」の立場に専念する姿勢をとった。そして翌同四年に、「天下人」としての本拠として近江安土城（滋賀県近江八幡市）を構築して、同城を「天下の政庁」とした。

とはいえ義昭の子は、その後も信長に庇護されて、同九年まで信長のもとでの動向が確認されている。信長は足利将軍家を断絶させる意向はなかったとみえる。ただしそれを再興しようとしていたかといえば、もはやその考えはなかった。

自らの「天下人」の地位が確立をみていることで、織田家による「天下」統治の継続を考えるようになっていた。しかしそれも、同十年六月、家老の惟任（明智）光秀の謀叛により、嫡男で織田家当主の信忠ともども、自害に追い込まれたことで頓挫するのであった。信長は四十九歳であった。

羽柴秀吉の下剋上

織田信長ののちに「天下人」の地位を獲得したのは、信長の家老出身の羽柴秀吉、そして三河国衆から東海地方の戦国大名に成長し、さらには羽柴（豊臣）政権のもとで最大の大名にして秀吉死後の政務代行者となっていた徳川家康であった。両者が「天下人」になった過程も、客観的には下剋上にほかならない。最後にその状況について簡単に触れておこう。

羽柴秀吉は、信長より三歳年少の天文六年（一五三七）生まれで、信長が死去した時は四十六歳であった。織田家の有力家老として、近江長浜領と播磨・但馬・因幡を領国とし、備前・美作の織田大名・宇喜多家を与力に従えていた。

本能寺の変後は、交戦していた毛利家とただちに和睦を成立させて、謀叛人の惟任（明智）光秀討伐において中心を担った。戦後の織田体制においては、柴田勝家・惟住（丹羽）長秀・池田恒興とともに執政を担った。織田家の家督は、信忠の嫡男三法師（のち秀信）が継承したが、その後見役をめぐって信長次男の信雄と信長三男の信孝の対立が生じ、それが執政衆の分裂をもたらした。

三法師は岐阜城の信孝に庇護され、それに柴田勝家が味方した。そのため秀吉は天正十年（一五八二）十月、信雄を三法師の名代として織田家当主に据えて、信孝に対抗した。十二月に信孝を屈服させ、三法師を確保し、近江安土城に移した。以後は信雄が織田家当主として存在した。

これに柴田勝家・滝川一益が反抗し、秀吉は翌同十一年四月にはそれらを討伐し、また信孝も信雄によって自害させられた。これによって織田家は、織田家当主信雄、その「指南」秀吉という政治体制が成立した。

しかし同年六月、秀吉は織田家家臣の知行配分を執り行い、自らは摂津大坂城（大阪府大阪市）を本拠にして、「天下」統治を実質的に主導していった。この段階は、主君を傀儡化し、実権を掌握していた状態といえる。しかし十月頃から信雄と秀吉の政治対立が生じ、同十二年三月に信雄が秀吉派の家老を殺害したことで、両者は決裂し、小牧《こまき》・長久手《ながくて》合戦が生じる。

織田家当主信雄と「指南」秀吉との対戦であったが、秀吉は三法師を従えており、その他の織田家一族や家臣の多くも秀吉に従った。十一月に信雄は降伏し、秀吉の勝利となった。

それをうけて秀吉は、直後に朝廷から従三位・権大納言に叙任され、「天下人」の地位を確立した。これは秀吉が、織田家家臣の立場を脱し、自身を主宰者とする新たな羽柴（豊臣）政権を樹立したことを意味した。

織田家一族や織田家家臣は、あらためて秀吉の家臣に再編成された。旧主の信雄も、同十三年二月に秀吉に出頭し、その家臣になった。秀吉は内大臣を経て同年七月に従一位・関白となり、姓を「豊臣」に改め、諸大名に官位と羽柴名字を与えて序列化する、新しい政治秩序を構築する。

このように秀吉は、主君として推戴した織田信雄と直接に対戦し、それを屈服させて、自ら「天下人」となった。その行為は明白な下剋上といえるが、**直後に「天下人」相当の官位を獲得することで、その正当化が果たされている。**それだけでなく、新たな政治秩序を構築し、そこに旧主家を組み込むことによって、**実力に基づいた社会関係を体制化させた**のであった。

徳川家康の下剋上

次に徳川家康の場合をみていこう。家康は、信長よりも八歳年少、秀吉よりも五歳年少の天文十一年（一五四二）生まれである。三河国衆松平広忠の嫡男であったが、同十六年に尾張織田信秀に従属した際に、織田家への人質に出された。

広忠はその後、今川家に従属するも、同十八年に死去し、松平家は当主不在になる。同年のうちに今川家が攻勢をかけ、人質交換のかたちで織田家から今川家に引き渡される。

以後は今川家に従属する松平家の当主として存在し、今川家の本拠駿河国駿府（静岡県静岡市）に居住した。

しかしその立場は、一般的にいわれている人質ではなく、現在では、今川家御一家衆の娘との結婚を予定された、御一家衆に準じる存在としてのものと考えられている。

弘治元年（一五五五）に十四歳で元服し、今川義元から偏諱をうけて松平元信（のち元康）を名乗り、正式に松平家当主になる。同二年に今川家御一家衆関口氏純の娘（築山殿）と結婚し、御一家衆に準じる立場が確立する。永禄三年（一五六〇）五月の尾張桶狭間《おけはざま》合戦の後に、領国の岡崎領に帰還する。

これについて従来は、今川家から自立を遂げたと理解されていたが、現在は今川氏真から岡崎領統治を認められて帰還した、と理解されている。しかし同四年二月に織田信長と同盟を結び、四月に今川家に敵対し、自立する。これについては今川家から「逆心」「謀叛」と非難されるが、本質は国衆による戦国大名からの自立であった。

以後は三河の領国化をすすめて、三河国主となって戦国大名化を遂げる。その過程で、実名を家康に改名し、今川家ゆかりの実名を廃し、さらに名字も徳川氏に改称した。これは他の松平氏一族との差別化を図ったものと考えられる。

織田家との同盟は、羽柴政権の成立まで続いた。それをもとに足利義昭政権が成立するとそれに従い、信長が「天下人」になり織田政権が成立すると、それに従う大名として存在した。小牧・長久手合戦でも、織田家当主信雄を支援して秀吉と対戦した。

その後は秀吉への従属が課題となり、天正十四年（一五八六）に、秀吉妹旭姫と結婚のうえで、秀吉に従属した。羽柴（豊臣）政権における地位は、親類衆筆頭として、一門・家臣の序列でも、織田信雄に次ぐ第二位に位置し、信雄失脚後は筆頭に位置した。それは慶長三年（一五九八）の秀吉死去まで継続した。この時、家康は五十七歳であった。

秀吉の死去時、六歳の嫡男秀頼のほか、羽柴家一門衆は養子小早川秀秋がいるにすぎなかった。家督は秀頼が継承するも、成人までの執政体制として「五大老」が組織され、家康はその筆頭に位置した。また家康の孫娘（嫡男秀忠の長女）千姫と秀頼の結婚が約束され、家康・秀忠は、新当主秀頼の外戚として、政務主導を予定された。

しかし直後から政権で内部抗争、権力抗争が生じ、同四年に「天下」統治を主導する。この状態は、主君を傀儡化して実権を掌握したという状態になる。しかし内部抗争は止まず、同五年の関ヶ原合戦で家康方と反家康方の抗争は決着し、家康が勝利した。

合戦直後に家康は秀頼に出仕するが、「天下」統治を再開した。翌同六年三月には政権本拠の大坂城から退去し、山城国伏見城（京都府京都市）を本拠にした。そこでは、征夷大将軍任官をすすめ、政権と羽柴家の家政を分離して、家康は事実上の「天下人」の地位を確立する。

これにより秀頼は、政権後継者の資格を維持しつつも実質的には一個の大名になった。ただ当時は、まだ敵対大名が存在していたため、順次その服属をすすめ、同七年十二月に薩摩島津忠恒（のち家久）の降伏により、列島すべての大名の統合たる「天下一統」を遂げた。

家康が伏見城を政権拠点として以降、大坂城に参向して秀頼に出仕したのは、同七年三月と同八年二月だけであった。それでも出仕しているということは、依然として秀頼を主君として推戴せざるをえなかったことを示している。

それを克服するため、直後に将軍に任官して、名目的にも羽柴家からの自立を果たし、自身を主宰者とする新たな政権を発足させた。この行為も主家に取って代わる下剋上であったが、それは将軍任官という行為で正当化された。ただし家康の場合、秀吉の場合とは異なって、旧主家の取り込みを遂げることはできず、それは結局、それから十二年後の大坂の陣による羽柴家討滅へと帰結するのであった。

最後の下剋上

織田信長が下剋上によって「天下人」となって以降は、その地位はいずれも下剋上によって受け継がれるものとなった。すでに信長が「天下人」となった時点で、その地位は特定の家系に相承されるものではなくなっていた。そのためその立場は、「天下人」に相応しい器量が要件となるようになっていた。

織田信長の死後、その家督は次男信雄に継がれ、一応「天下人」の後継者とも目されたが、すぐに羽柴秀吉に取って代わられた。その秀吉の死後、その家督は嫡男秀頼に継がれ、これも「天下人」の後継者と目されたが、すぐに徳川家康に取って代わられた。そして家康は、征夷大将軍任官によって新政権のかたちを明確にすると、その二年後には同職を嫡男秀忠に譲って、「天下人」を徳川家の世襲にする体制を準備した。

実際に徳川家による「天下人」の世襲が確定するのは、前代の候補者である羽柴秀頼を滅亡させた大坂の陣をまつことになる。そしてその戦争は、戦国時代から続いていた大名権力同士の戦争として、最後のものになった。

この最後の戦争によって、戦国時代を通じてみられてきた、実力による身上がりを実現してきた下剋上は、終焉を迎えた。戦国時代の下剋上の果てに、江戸幕府を中核にして構成される新しい政治秩序の形成が遂げられ、それによりそれまでの下剋上は封印されるのであった。

おわりに　下剋上の終焉へ

「上剋下」の事例

本書では、戦国時代において、無数にみられたといっていい下剋上のなかから、家臣が主君に取って代わるという在り方に、戦国時代の下剋上の特徴を見いだし、いくつか具体的な事例を取り上げてきた。

最後に、それらの事例をもとに、あらためてその特徴についてまとめることにしたい。主君に取って代わる際に、必ず生じるのが、その主君についての扱いである。それには主殺し、追放、傀儡化、別の当主を擁立してのすげ替え、などの方法があった。戦国時代といえども身分制社会であり、かつ主従制を基本にしていたから、本来的にこれらの行為は簡単には社会で容認されなかった。しかし戦乱の恒常化という社会状況が、その行為を生み出し、かつ一定程度に許容していった。

戦国時代で最初の大規模な下剋上をこころみた**長尾景春**は、主殺しを意図し、主家に叛乱した。しかも景春はそこで、主君の山内上杉顕定に代わる新当主を擁立していなかった。それにもかかわらず、多くの同僚が景春に味方したのであった。

景春の叛乱は、**自身とそれら同僚の領主としての存立の維持を目指して行われた**ものであった。それは大名家の家中の存立維持を、主君との間でいずれが遂げられるのかをめぐる抗争であった。

朝倉孝景の事例も、基本的にはこの場合にあたる。景春の主殺しと叛乱は失敗に終わる。それに対して孝景は、主家の守護分国が複数存在し、かついまだ在京を基本にしていたから、越前から主家の勢力を追放することで下剋上を実現することができた。

そしてその頃から、領国を形成する戦国大名・国衆の展開がみられていく。そこではしばしば、主君と最有力重臣との間で、領国と家中支配における主導権をめぐる抗争、すなわち領国と家中の存立をいずれが維持できるかをめぐる抗争が生じた。

家臣側が勝利すれば下剋上になるが、主君側がその最有力重臣を誅伐すれば主君側の勝利になる。後者については、下剋上に対して、「**上剋下**」と表現されることもある。その事例は、下剋上に劣らず多く存在していた。扇谷上杉定正による家宰太田道灌の誅伐はその代表例であろう。

上杉定正は、相模・武蔵南部を領国とする戦国大名であった。家宰の太田道灌は、第一章で取り上げたように、「長尾景春の乱」鎮圧の功労者であった。それが文明十八年（一四八六）に、定正はその道灌を誅殺したのである。理由は明確になってはいないが、家政の主導権をめぐる対立によると考えられる。

その他でも、越後上杉房定（房能の父）は家宰長尾邦景・実景父子を誅殺している。甲斐武田信昌は家宰跡部景家を抗争の末に自害させている。近江六角高頼・定頼は、家宰伊庭貞隆を抗争の末に屈服させている。播磨赤松政村（のち晴政）は、家宰浦上村宗を抗争の末に自害に追い込んでいる。安房里見義豊は、叔父の里見実堯と家老筆頭の正木通綱を誅殺している。こうした事例も多くみられていた。

戦乱が次第に恒常化していくなかで、当主と家宰が一心同体的に家政を運営していく在り方に問題が生じるようになり、当主にすべての権限が集中されていく現象が広範にみられた。そのようにして当主権限の絶対化をともなった、戦国大名・国衆の展開がみられた。

主殺しの高いリスク

結果として下剋上となった場合でも、その前提には主君側からの排斥行為がみられたことが多かった。京極政経は出雲国守護代**尼子経久**を排除し、それに反抗して起きたのが経久の下剋上である。この場合は、主家の守護分国は複数存在していたことから、朝倉孝景の場合と同じく、経久は主家の勢力を排除することで下剋上を実現できた。

それに対して、すでに主家が戦国大名として存在した場合には、主君と最有力重臣の抗争は、領国と家中をめぐる抗争になる。越後上杉房能も家宰**長尾為景**を排除しようとした。それに反抗して起きたのが為景の下剋上である。為景は主君房能を殺害し、主殺しを行うが、主家一族の上杉定実を新たな当主に擁立し、主家における主導権を確保している。

しかしその定実も為景を排除しようとしたため、為景はそれとも抗争し、勝利の結果、定実を傀儡化し、自ら事実上の戦国大名の立場を確立する。**陶晴賢・三好長慶**の場合も、出発点は同様に、主家側からの排除や敵対、もしくは家政をめぐる深刻な対立があった。主殺しを行ったのは、為景と晴賢になるが、いずれも新たな当主を擁立している。これにより主家家中の支持を獲得したのであった。それに対して尾張清須織田勝秀（彦五郎）や惟任（明智）光秀の場合は、代わりの主君を擁立することなく行われたものになる。

しかしそれゆえに、主君の一族を擁した主家家臣によって反撃され、滅亡している。主殺しの場合、それだけでは主家家中の同意を獲得することは難しく、反対勢力の反撃をうけるリスクが高かったことがわかる。もちろんそれに勝利すれば、下剋上を実現できたかもしれないが、そのハードルは高かったといえよう。

とはいえ為景は、その主君とも抗争したため、勝利後に傀儡化している。これと同様の場合になるのが、近江浅井亮政《あざいすけまさ》であろう。浅井家は最後まで主家京極家の傀儡化を持続したが、為景の場合はそれに失敗し、主家の政治復権がみられた。

長尾家の下剋上は、主家そのものの断絶、主家の有力一族の不在という幸運によって遂げられるのであった。

傀儡化したものの、なお対立が生じた際にみられたのが、追放である。**斎藤利政**（**道三）**・**織田信長**の場合はこれにあたろう。

斎藤利政の場合は、追放後も、主君の土岐頼芸が他国の戦国大名の支援を得て復帰を図っていたため、問題は完全には解決しなかった。しかし信長の場合は、主君斯波義銀の政治勢力が実質的には皆無であったため、成功している。

しかし主家は、それまで戦国大名家として存在していたから、高い政治的地位にあり、また他国の政治勢力にも顔が利いていた。そのため国内の敵対勢力から擁立される可能性もあり、あるいは他国の敵対勢力にも擁立される可能性もあった。追放して下剋上を遂げたとしても、その主家の政治的地位に揺さぶられることもあった。

近世政治秩序の展開

そのため主殺しにしろ、傀儡化や追放にしろ、主家の政治的地位を排除し、自身が戦国大名として確立しても、そのままでその政治的地位を確保し続けるには不十分であった。そうした旧主家の政治的影響力を克服するため、あるいは他国の政治勢力から相応の対応を獲得するための方策が必要になった。そのためにとられたのが、**室町幕府からの国主・守護家相当の家格の獲得**であった。

身分制社会であったため、領国を維持するには、旧主家の一族・家臣に対する政治的優越性を確立し、あるいは他国の政治勢力との関係を対等に展開していくのに、そうした社会的地位が必要であった。守護職の補任や、それができない場合での守護家相当の家格の獲得であった。

尼子家は経久の時は実現されなかったが、後継者晴久の時に守護職に補任された。朝倉家や長尾家、織田信長は後者の守護家相当の家格を獲得した。斎藤家も利政の時は実現されなかったが、後継者義龍の時にそれを獲得した。三好長慶も、室町幕府から最有力大名の家格を認められた。

しかしそうした状況がみられたのも、室町幕府が機能していた段階までであった。室町幕府が滅亡すると、それに代わる「天下人」として織田信長が確立する。それまでの身分秩序は、室町幕府将軍家を頂点にして構成されたものであったから、将軍家不在により、そうした身分秩序への編成は行われなくなった。

もっともその後も、慣習的には戦国大名は「守護家」と表現され、あるいは国主と認識され、それなりの身分秩序観念は残存した。しかし信長は、それに取って代わるような、諸国の戦国大名に対する政治秩序の編成方法を確立するところにいかないまま、その生涯を閉じた。

だがその萌芽はみられていた。自身の「天下人」の地位は、朝廷官職によって正当化された。政権内部でも、官位による序列化がみられ始め、諸国の戦国大名にも官位推挙を行うようになっていた。これを引き継ぎ、明確な政治秩序編成の手段としたのが、信長の「天下人」の地位を引き継いだ羽柴（豊臣）秀吉であった。

信長が「天下人」の地位を確立した時期、諸国の戦国大名はすでに地域的にかなり淘汰されてきていた。奥羽では伊達・最上・南部、関東では北条・佐竹・里見、中部では武田・徳川、北陸では上杉、中国では毛利、四国では長宗我部、九州では大友・島津・龍造寺などといった具合になる。

それらの大名家では、その後に一族による当主の地位をめぐる内乱はみられたが、もはや家臣が取って代わる下剋上はみられなくなっている。そうした事例の最後こそ、尾張での織田信長の場合といえる。わずかに信長の支援を得た新興大名の備前浦上家において、一族を擁した国衆の叛乱や自立によって、滅亡にいたる事態がみられているが、織田と毛利の境目に位置して戦乱に見舞われていたなかでのことであり、浦上家の枠組みが解体されてのことではなかったといえる。

封じ込められた下剋上

これらのことは、個々の戦国大名家の領国の広域化、その継続性により、戦国大名家としての枠組みが確固たるものになっていたことに関わっている。

戦国大名家を主宰する当主家とその分身である一門衆の地位が確立したため、まずは一門衆による当主交替、一門衆による当主への対抗という方法がとられ、もはや家臣による下剋上の余地はなくなっていたといえる。それは戦国大名家における政治秩序の確立にともなうと理解される。

そしてその頃からみられた動向は、「天下人」による戦国大名家の従属化や討滅による「天下一統」の展開、という事態であった。「天下人」に服属した戦国大名は、もはやそれ以前のような完全な自立的国家ではなくなり、統一政権の「惣無事」論理によって戦争権を制御された存在に変化した。

下剋上は戦乱の恒常化のなかで発生した。それが戦国大名家の継続性により、領国内での実力行使が規制されることで、戦国大名当主家を頂点にした政治秩序が確立されたのであった。そのためたとえ、一族・家臣の家で自力による当主交替があったとしても、最後は戦国大名による処置によって決着された。

そしてその戦国大名の領国の広域化によって、戦国大名の戦争は、同じ広域的戦国大名同士、次いで「天下人」との間のものとなり、従属か滅亡かという選択を経て、すべての戦国大名が「天下人」に従属する「天下一統」が遂げられた。

それを成した羽柴（豊臣）秀吉は、官位を手段にして、それら旧戦国大名・国衆に対する政治秩序編成を成立させる。大名家の政治的地位は、政権から与えられた官位によって表現されたのである。

大名家の地位は、もはや実力で確立するのではなく、統一政権の承認によるものとなった。そこでは大名家の家政をめぐる内部紛争が生じたとしても、それはあくまでも内紛として処理され、自力による解決で終わらせることはできず、最終的に政権の処理によって決着された。このように武家社会において自力解決が制御されることで、実力によって主家に取って代わる下剋上は封じ込められたのである。

戦乱の恒常化は、実力主義による社会的地位の獲得をもたらした。戦乱のなかでは、実力によって領国を維持しなければならなかったからである。それに対して、戦乱の終息にともなって、実力による社会的地位の獲得は封印された。

社会秩序が流動化したなかで、社会に求められた器量をもとに、実力によって社会的地位を獲得する行為、それが下剋上であった。

あとがき

本書は、戦国大名家でみられた、家臣が主君に取って代わるという典型的な下剋上を中心に、主要な下剋上の事例について取り上げたものである。そしてそのことを通じて、戦国時代に広範にみられた、下剋上の性格と特徴を明らかにするとともに、それが生み出されていき、さらにはそれが封じ込められていく、いわば戦国時代を生み出し、終焉へと向かわせた社会状況の変化とその要因を見いだそうとしたものである。

本書の執筆は、講談社現代新書副部長の米沢勇基さんからご依頼をうけたことによる。これまで私は、新書を含めて多くの一般書を執筆してきたが、そのほとんどは私自身で書きたいと思う内容を書いてきたもので、出版社から依頼されたものは、『百姓から見た戦国大名』（ちくま新書）と『戦国大名　政策・統治・戦争』（平凡社新書）などだけであった。

「下剋上」というテーマを与えられたとき、どのような内容・構成にするのがよいか多少考えた。私はこれまで、東国の戦国大名・国衆の研究を重ねており、取り上げてきた内容はそれらを事例にしたものがほとんどであったが、このテーマとなると、東国中心というわけにはいかなくなるからだ。

しかし米沢さんから、「下剋上」を扱った新書がほとんどないと示されたことで心が動いた。戦国時代の大きな特徴となっている「下剋上」について、広範に扱った書籍がないということは、戦国時代を理解するうえで十分とはいえないからである。とはいえ、新書という限られた紙幅で、戦国時代にみられた下剋上の事例をすべて取り上げることは不可能であり、そもそも研究状況として、すべての事例の検出すら、いまだ遂げられてはいない。そこで思いいたったのは、下剋上として知られる主要な事例のなかでも、その経緯や状況について比較的わかる事例を取り上げていこう、ということであった。

そうして本書の内容と構成は、下剋上として知られている事例の主要なものについて、時代の経過に応じて取り上げていくという、いわば列伝的なものとなった。このような構成により、個々の事例について、その経緯や状況をかなり具体的に見ることができた。それによって下剋上がどのような経緯や背景のなかで生じたか、また相互の事例にみられた共通点や相違点について、具体的に認識できることになったといえるであろう。

とはいえ取り上げた事例のうち、私自身が検討してきた対象となるのは、第一章と第二章だけで、第三章以降はすべて、直接に検討してきたものではない。したがってそれらの内容については、これまでの研究成果をもとに、それを咀嚼《そしゃく》しつつ、私なりの視点から再構成するものとなった。幸いにも、近年における関連研究の進展はめざましく、摂取するに十分な水準に達していたといえる。あらためて先行研究の学恩に感謝の念を抱いた。そのため、もしも私の認識に誤りがあったとすれば、それら先行研究の内容を十分に咀嚼しえていないことによる、私の理解不足に帰する。

しかし主要な事例について、横断的に取り上げるという方法は、意外に楽しい作業であった。これまで具体的に検討したことがない事柄について、じっくりと認識できる機会になったからである。同時に、先行研究においていまだ十分に解明にいたっていない部分もみえてきて、自ら検討に取り組みたいという誘惑にもかられている。

さらには、本書ではあくまでも下剋上として典型的な、家臣が主君に取って代わる行為を中心に取り上げたが、主家を揺るがした一門・家臣の叛乱行為や、分家による本家乗っ取りの行為などについて、横断的に取り上げる作業も魅力的と感じた。そうすることで、より一層、下剋上の具体像が明らかになるに違いない。それらの問題に、私自身が取り組む機会があるかどうかは別にして、今後において関連研究がさらに進展することを期待したい。

最後に、本書の刊行にあたっては、米沢勇基さんに大変お世話になった。あらためて感謝します。本書が、戦国時代に興味を持つ読者に幅広く読まれることを期待します。

二〇二一年五月

黒田基樹

主要参考文献（本書で取り上げた事例に関する、入手しやすい一般書を中心にあげた）

天野忠幸『三好長慶〈ミネルヴァ日本評伝選133〉』（ミネルヴァ書房、二〇一四年）
同『三好一族と織田信長〈中世武士選書31〉』（戎光祥出版、二〇一六年）
同『室町幕府分裂と畿内近国の胎動〈列島の戦国史4〉』（吉川弘文館、二〇二〇年）
池享『知将 毛利元就』（新日本出版社、二〇〇九年）
池享・矢田俊文編『増補改訂版 上杉氏年表 為景・謙信・景勝』（高志書院、二〇一三年）
池上裕子『織田信長〈人物叢書272〉』（吉川弘文館、二〇一二年）
今谷明『戦国 三好一族』（新人物往来社、一九八五年）
今谷明・天野忠幸監修『三好長慶』（宮帯出版社、二〇一三年）
今福匡『上杉景虎』（宮帯出版社、二〇一一年）
同『上杉謙信〈星海社新書141〉』（星海社、二〇一八年）
岸田裕之『毛利元就〈ミネルヴァ日本評伝選140〉』（ミネルヴァ書房、二〇一四年）
木下聡『斎藤氏四代〈ミネルヴァ日本評伝選205〉』（ミネルヴァ書房、二〇二〇年）
同編『管領斯波氏〈シリーズ・室町幕府の研究1〉』（戎光祥出版、二〇一五年）
久野雅司『足利義昭と織田信長〈中世武士選書40〉』（戎光祥出版、二〇一七年）
久保田順一『新田一族の戦国史』（あかぎ出版、二〇〇五年）
黒田基樹『羽柴家崩壊〈中世から近世へ〉』（平凡社、二〇一七年）
同『今川氏親と伊勢宗瑞〈中世から近世へ〉』（平凡社、二〇一九年）
同『戦国大名・伊勢宗瑞〈角川選書624〉』（ＫＡＤＯＫＡＷＡ、二〇一九年）

同　『太田道灌と長尾景春〈中世武士選書43〉』（戎光祥出版、二〇二〇年）
同　『今川のおんな家長　寿桂尼〈中世から近世へ〉』（平凡社、二〇二一年）
同　『図説　享徳の乱』（戎光祥出版、二〇二一年）
同編　『関東上杉氏一族〈シリーズ・中世関東武士の研究22〉』（戎光祥出版、二〇一八年）
同　『足利成氏とその時代〈関東足利氏の歴史5〉』（戎光祥出版、二〇一八年）
佐藤圭『朝倉孝景〈中世武士選書23〉』（戎光祥出版、二〇一四年）
柴裕之『徳川家康〈中世から近世へ〉』（平凡社、二〇一七年）
同　『清須会議〈シリーズ・実像に迫る17〉』（戎光祥出版、二〇一八年）
同　『織田信長〈中世から近世へ〉』（平凡社、二〇二〇年）
同編　『図説　豊臣秀吉』（戎光祥出版、二〇二〇年）
竹本弘文『大友宗麟〈大分県先哲叢書〉』（大分県教育委員会、一九九五年）
長谷川博史『戦国大名尼子氏の研究』（吉川弘文館、二〇〇〇年）
同　『大内氏の興亡と西日本社会〈列島の戦国史3〉』（吉川弘文館、二〇二〇年）
平井上総『織田政権の登場と戦国社会〈列島の戦国史8〉』（吉川弘文館、二〇二〇年）
福尾猛市郎『大内義隆〈人物叢書16〉』（吉川弘文館、一九五九年）
福島克彦『畿内・近国の戦国合戦〈戦争の日本史11〉』（吉川弘文館、二〇〇九年）
福原圭一・前嶋敏編『上杉謙信』（高志書院、二〇一七年）
藤井崇『大内義隆〈ミネルヴァ日本評伝選２０１〉』（ミネルヴァ書房、二〇一九年）
松原信之『越前朝倉一族　新装版』（新人物往来社、二〇〇六年）
丸島和洋『東日本の動乱と戦国大名の発展〈列島の戦国史5〉』（吉川弘文館、二〇二一年）
森田真一『上杉顕定〈中世武士選書24〉』（戎光祥出版、二〇一四年）

山田邦明『上杉謙信〈人物叢書３０７〉』（吉川弘文館、二〇二〇年）
山本浩樹『西国の戦国合戦〈戦争の日本史12〉』（吉川弘文館、二〇〇七年）
横山住雄『織田信長の尾張時代〈中世武士選書10〉』（戎光祥出版、二〇一二年）
同『斎藤道三と義龍・龍興〈中世武士選書29〉』（戎光祥出版、二〇一五年）
米原正義『出雲尼子一族』（新人物往来社、一九八一年）
同『大内義隆〈中世武士選書20〉』（戎光祥出版、二〇一四年）
同編『大内義隆のすべて』（新人物往来社、一九八八年）

講談社現代新書　2624

下《げ》剋《こく》上《じょう》

二〇二一年六月二〇日第一刷発行

著　者　黒《くろ》田《だ》基《もと》樹《き》　

発行者　鈴木章一

発行所　株式会社講談社

東京都文京区音羽二丁目一二―二一　郵便番号一一二―八〇〇一

電　話　〇三―五三九五―三五二一　編集（現代新書）

〇三―五三九五―四四一五　販売

〇三―五三九五―三六一五　業務

装幀者　中島英樹

印刷所　凸版印刷株式会社

製本所　株式会社国宝社

定価はカバーに表示してあります　Printed in Japan

N.D.C. 210.4　222p　18cm

ISBN978-4-06-523630-7

「講談社現代新書」の刊行にあたって

教養は万人が身をもって養い創造すべきものであって、一部の専門家の占有物として、ただ一方的に人々の手もとに配布され伝達されうるものではありません。

しかし、不幸にしてわが国の現状では、教養の重要な養いとなるべき書物は、ほとんど講壇からの天下りや単なる解説に終始し、知識技術を真剣に希求する青少年・学生・一般民衆の根本的な疑問や興味は、けっして十分に答えられ、解きほぐされ、手引きされることがありません。万人の内奥から発した真正の教養への芽ばえが、こうして放置され、むなしく滅びさる運命にゆだねられているのです。

このことは、中・高校だけで教育をおわる人々の成長をはばんでいるだけでなく、大学に進んだり、インテリと目されたりする人々の精神力の健康さえもむしばみ、わが国の文化の実質をまことに脆弱なものにしています。単なる博識以上の根強い思索力・判断力、および確かな技術にささえられた教養を必要とする日本の将来にとって、これは真剣に憂慮されなければならない事態であるといわなければなりません。

わたしたちの「講談社現代新書」は、この事態の克服を意図して計画されたものです。これによってわたしたちは、講壇からの天下りでもなく、単なる解説書でもない、もっぱら万人の魂に生ずる初発的かつ根本的な問題をとらえ、掘り起こし、手引きし、しかも最新の知識への展望を万人に確立させる書物を、新しく世の中に送り出したいと念願しています。

わたしたちは、創業以来民衆を対象とする啓蒙の仕事に専心してきた講談社にとって、これこそもっともふさわしい課題であり、伝統ある出版社としての義務でもあると考えているのです。

一九六四年四月　野間省一